Entre el cielo y el mar:

La historia del balsero cubano

Inspirada por hechos reales

De la autora de
Esperando en la calle Zapote,
ganador del premio Latino Books Into Movies
Award, categoría Drama TV Series

y

Hermanos: Los Niños de Pedro Pan,
ganador del premio International Latino Books
Award, categoría Mejor Novela de Ficción

Betty Viamontes

Entre el cielo y el mar:

La historia del balsero cubano

Publicado en los Estados Unidos por

Zapote Street Books, LLC, Tampa, Florida

Portada del libro por SusanasBooks LLC

Este libro contiene elementos de ficción y no-ficción
creativa.

ISBN: 978-1-955848-34-3

Impreso en los Estados Unidos de América

Les dedico este libro a:

Andrés Gómez y Jorge del Río, por las horas de testimonios brindadas para la realización de este libro. Su valentía y abnegación siempre serán recordados.

Los balseros que salieron de Cuba en 1993 y 1994, las víctimas del hundimiento del Remolcador '13 de Marzo' y todos los que han muerto en busca de una vida mejor.

'Hermanos al rescate' por arriesgar sus vidas en nombre de la libertad.

Mi madre, quien me hizo prometerle que publicaría su historia. Aunque logré publicar 'Esperando en la calle Zapote' tres años después de su muerte, sigo honrando su memoria al escribir las historias de personas sin voz como ella.

Mi amado esposo y mi familia, por todo su apoyo. Mi esposo, como politólogo y ávido lector, ha sido un consejero fundamental.

Mis leales lectores, por leer mis libros y animarme a seguir escribiendo.

Los miembros de todos los clubes de lectura que tan amablemente han elegido leer *Esperando en la calle Zapote, La danza de la rosa, Los secretos de Candela y otras historias de La Habana, La*

Habana: El regreso de un hijo y *La niña de Arroyo Blanco* para las discusiones grupales.

Los grupos de Facebook *All Things Cuban*, por brindar un espacio para compartir historias y la cultura del pueblo cubano, y Women Reading Great Books, por crear un foro para que autores y lectores se reúnan.

"**Una vez más, Betty Viamontes logra la magia narrativa en este relato histórico basado en hechos reales.**" —Susana Jiménez-Mueller, podcaster internacional y creadora de *The Green Plantain – The Cuban Series Project* y autora de *Now I Swim.*

Capítulo 1

Jorge Lago

La Habana, Cuba

Antes de que mi hermano y yo nos arriesgáramos a convertirnos en carnada de tiburones en las aguas del Estrecho de la Florida, ocurrió en La Habana un hecho que me llenó de indignación y fortaleció aún más mi determinación de partir.

El 13 de julio de 1994, alrededor de las tres de la madrugada, el remolcador *13 de Marzo* comenzó a alejarse del puerto. Si lograban evadir a las autoridades, sus pasajeros estarían en Cayo Hueso al amanecer del día siguiente.

Durante meses, los organizadores habían planificado cada detalle: habían estudiado los movimientos del puerto, identificado las zonas menos vigiladas y trazado la ruta más segura. Todos sabían que el silencio era esencial.

Antes de subir a la embarcación robada, los setenta y dos hombres, mujeres y niños se despidieron de sus seres queridos como si fuera la última vez—entre abrazos que se aferraban, lágrimas contenidas y besos apresurados. Sabían que no había garantías. Solo dos posibilidades: alcanzar la libertad o morir en el intento. Y si eran capturados y devueltos a Cuba, para muchos adultos ese regreso sería peor que la muerte.

Salieron del puerto con el motor a bajas revoluciones, pero pronto advirtieron que dos remolcadores Polargo los seguían. Estas embarcaciones, de fabricación holandesa, tenían cascos de acero y estaban equipadas con potentes cañones de agua a presión. Les hicieron señales para que se detuvieran. En respuesta, el *13 de Marzo* aceleró rumbo a aguas internacionales.

Las madres, aterradas, abrazaban a sus hijos. Cuando los Polargo iluminaron el remolcador, algunas salieron de sus escondites y levantaron a sus bebés en alto, intentando apelar a la compasión de las autoridades. Fue inútil.

Sin previo aviso, comenzaron a disparar chorros de agua a presión contra la embarcación, arrasando todo en cubierta. Niños fueron arrancados de los brazos de sus madres. Hombres, mujeres y niños cayeron al mar.

Un tercer remolcador se unió al ataque. El impacto abrió una grieta en el casco y el agua empezó a inundarlo todo. Atrapadas en la sala de máquinas, algunas madres intentaban desesperadamente escapar con sus hijos mientras el nivel del agua subía. El tiempo se volvió interminable. El terror lo invadía todo. Aferradas a sus hijos, comprendieron que ya no había salida.

Poco a poco, el *13 de Marzo* se hundió en el fondo del mar.

Más de treinta y cinco personas murieron, entre ellas diez niños.

Capítulo 1

Las autoridades calificaron el hecho como un accidente. Pero a medida que los sobrevivientes contaban lo ocurrido, la indignación se extendió por toda La Habana. Cuando supe los detalles, sentí un escalofrío recorrer mi cuerpo. Cuba se había convertido en una olla de presión a punto de estallar.

Uno de los sobrevivientes, Jorge A. García—quien perdió a catorce familiares aquella noche, incluidos su hijo y su nieto—dedicaría el resto de su vida a investigar y documentar lo que muchos calificaron de masacre.

***

El 5 de agosto de 1994, mis amigos y yo nos unimos a miles de hombres, mujeres y niños que salieron a las calles para protestar contra el gobierno. Nos encontramos en la Avenida del Puerto y nuestras voces se fundieron en un solo grito:

—¡Abajo Fidel! ¡Libertad o muerte!

—¡La gente puede salir en bote desde el Malecón! —gritó alguien.

El rumor corrió como pólvora. El hambre, los apagones interminables, la represión política y la profundización de la peor crisis económica desde la revolución alimentaban la furia colectiva.

Los alimentos escaseaban. Lo poco que se conseguía se echaba a perder durante las horas de apagón. No había comida enlatada. Si alguien conseguía pollo o carne de cerdo, necesitaba refrigerarla. ¿Qué podían hacer los padres cuando las raciones no alcanzaban y la electricidad desaparecía cada vez con más frecuencia?

Cuba atravesaba el llamado *Período Especial*, una etapa devastadora tras la caída de la Unión Soviética. Sin su principal aliado económico, el país se sumió en una crisis que afectó todos los ámbitos de la vida: el transporte, la alimentación y la salud.

En los hospitales, los pacientes debían llevar sus propias sábanas y comida. La escasez de suministros básicos los convirtió en lugares deteriorados e insalubres. Muchos trabajadores de la salud se sentían impotentes ante una realidad que no podían cambiar.

Era la primera vez desde 1959 que La Habana presenciaba una protesta de tal magnitud. Hasta entonces, el miedo había mantenido a la gente en silencio.

Ese día, algunos manifestantes rompieron ventanas y volcaron latones de basura. Supimos que un grupo había robado una embarcación en Regla para intentar escapar. Por un breve momento, la televisión estatal transmitió imágenes sin autorización, y así el mundo fue testigo de lo que ocurría. Poco después, las grabaciones fueron confiscadas.

Yo tenía treinta años. Sabía lo que estaba arriesgando. Si me capturaban, podría volver a prisión. Y nadie quería caer otra vez en manos de guardias que consideraban la disidencia una traición. Mis amigos habían sufrido abusos psicológicos, aislamiento y hambre por negarse a aceptar la "rehabilitación".

Sentía que me ahogaba por dentro.

Cuando llegamos al Malecón, la avenida ya estaba ocupada por los manifestantes. Sus gritos ahogaban el sonido del mar al estrellarse contra las rocas.

El sol caía implacable sobre la multitud sudorosa. Algunos llevaban palos para defenderse. Caminábamos juntos, impulsados por una energía difícil de describir. Durante horas marchamos frente al muro que bordea el Malecón. La multitud crecía y, por un momento, nadie vino a detenernos.

Al pasar frente al Hotel Deauville, los gritos retumbaban:

—¡Cuba sí! ¡Castro no! ¡Libertad!

Los turistas observaban sin comprender que la historia se estaba escribiendo ante sus ojos.

Las autoridades, quizás sorprendidas, tardaron en reaccionar. Pero cuando llegaron, lo hicieron con fuerza: camiones militares llenos de hombres armados irrumpieron en la avenida. Comenzaron a golpear a la gente con porras. Algunos dispararon.

Para evitar ser arrestados, golpeados o, peor aún, peleados, mis amigos y yo echamos a correr.

El levantamiento, conocido como el *Maleconazo*, no trajo la libertad. Pero el mensaje fue claro.

Capítulo 1

Para aliviar la presión creciente, Castro dejó de impedir que los balseros abandonaran la isla.

Sabíamos que era nuestra oportunidad.

Y debíamos actuar antes de que cambiara de opinión.

Capítulo 2

Jorge Lago

La Habana, Cuba

—Por el amor de Dios, no intentes irte de nuevo —me rogó mi abuela.

Yo estaba sentado en el sofá, leyendo un libro sobre la polinización cruzada. Su voz temblaba.

—Me moriría si te sucediera algo. ¡Es demasiado peligroso!

Cerré el libro lentamente, me puse en pie y la besé en la mejilla.

—Me mantendré vivo por ti, abuela. Te lo prometo.

Ella negó con la cabeza.

—No me trates como a una niña ni hagas promesas que no puedes cumplir. Podrás tener treinta años, pero yo he vivido mucho más que tú.

Por un instante, me quedé mirándola: las arrugas marcadas en su frente, las sombras bajo sus ojos, el cabello gris que enmarcaba su rostro. Había en su mirada algo más que miedo... era la certeza de quien ya había perdido demasiado.

—Tomaré todas las precauciones necesarias —le dije, suavizando la voz—. Además, no tienes que preocuparte por ahora. Usé todo el dinero en mi último intento.

—Tú siempre encuentras la manera —respondió—. Te conozco.

Y era cierto. Mi abuela me conocía mejor que nadie. Siempre decía que lo supo desde el primer día en que mi madre me llevó a casa del hospital y me sostuvo en sus brazos.

—Este niño será muy inteligente... pero también muy terco —dijo entonces—. Nadie podrá detenerlo.

Corría el año 1965 y mis padres y yo vivíamos en Santa Fe, en el municipio Playa de La Habana. Mi infancia transcurrió entre allí y Lawton, donde vivía mi abuela.

Al crecer, nunca imaginé que viviría en otro lugar. Yo pertenecía a Santa Fe: un pueblo donde todos nos conocíamos y donde cualquier travesura llegaba a oídos de mis padres antes de que yo regresara a casa. Era un lugar que olía al mar, bendecido por palmas reales y una exuberante vegetación tropical.

Las casas de uno y dos pisos se alineaban a lo largo de la costa, separadas por espacios de tierra que alguna vez habían sido ocupados por otras viviendas, devoradas con el tiempo por el océano. La hierba verde había reclamado esos solares, que ahora parecían abrirse directamente hacia el mar.

En un edificio de dos plantas junto a la playa vivía una mujer que tenía un mono enjaulado. Los niños del vecindario íbamos a verlo con frecuencia. Con los años, no pude evitar pensar en la ironía: algún día yo también llegaría a sentirme como aquel animal, atrapado sin salida.

Cerca de la ciudad de pescadores de Jaimanitas, y bordeada por el Estrecho de la Florida, Santa Fe albergaba una estatua de bronce muy querida por el pueblo: *El beso del mar.* Representaba a una mujer que protegía sus ojos del sol y a un hombre que emergía del agua intentando alcanzar sus labios. Nadie sabía con certeza cómo había llegado allí. Una escritora local la descubrió entre la maleza de una fundición y, con la ayuda de cinco hombres, la rescató. Durante décadas, adornó la entrada de la biblioteca y luego la de la Casa de la Cultura.

Al pasar junto a aquella figura, entendí lo que el artista había querido capturar: para los santafesinos, el mar lo era todo. Mientras en otros lugares de la isla la gente pasaba hambre, nuestro pueblo era, en cierto modo, "besado" por el mar. De él dependíamos, y por eso el pescado ocupaba un lugar esencial en nuestra mesa.

La playa de Santa Fe no tenía la belleza de otras, como la de Varadero. Era rocosa, áspera. Pero a mi hermano menor, Roel, y a mí nos encantaba. Pasábamos horas sobre las piedras, observando los pequeños peces que nadaban entre las grietas. Nos aventurábamos hacia aguas más profundas, cuidando de no pisar un erizo de mar.

Si quiere saber qué es el dolor, basta con pisar uno descalzo.

Capítulo 2

Lo hice una vez. El dolor fue inmediato. Mis padres me llevaron de urgencia a una casa cercana, donde una anciana de rostro amable y cabello blanco, recogido en un rabo de mula, calentó agua y sumergió mi pie en una palangana. El alivio llegó poco a poco. Mis padres siempre decían que yo gritaba... aunque prefiero creer que no.

Aquella experiencia habría alejado a cualquiera del mar.

A mí no.

—Hay una diferencia entre ser intrépido y saber preservarse —me decía mi abuela—. Tienes que aprenderla.

Pero ella no comprendía mi curiosidad por el mundo, una inquietud constante que un día me llevaría a hacer cosas que pocos se atreverían a hacer.

En ocasiones especiales, mis padres nos llevaban al cine Oasis, en la Primera Avenida, a pocos metros del mar. Tenía una sola pantalla y capacidad para unas 450 personas. Aunque disfrutaba de algunas películas, nada me atraía más que leer o estar al aire libre. Mientras contemplaba aquellas aguas cristalinas, nunca imaginé que ese mismo mar se convertiría algún día en mi única salida.

Vivir junto al mar te enseña que todo es pasajero. En los días tranquilos, sus aguas verdeazuladas parecen ofrecer paz y vida. La gente se sentaba sobre las rocas a contemplarlo, respirando una calma profunda. Pero cuando llegaban las tormentas, el océano se transformaba en una fuerza implacable.

En Santa Fe aprendimos a respetarlo.

Porque el mar podía darte la vida... o quitártela sin previo aviso.

Santa Fe aún conservaba la belleza —ya algo desgastada— de un proyecto de desarrollo urbano que, en las décadas de 1930 y 1940, había traído progreso a la zona. De aquel impulso surgieron nuevas residencias e instalaciones recreativas. Por esos mismos años, el cercano pueblo de Jaimanitas vio levantarse el cine Biltmore y la capilla de la Virgen de la Caridad.

Según la leyenda, alrededor de 1612, tres hombres —un esclavo africano y dos indígenas— fueron sorprendidos por una tormenta en la bahía de Nipe, cerca de El Cobre. Desesperados, rezaron a la Virgen María pidiéndole protección. Cuando la tormenta amainó, vieron flotar sobre el agua una tabla con una imagen y una inscripción: *"Yo soy la Virgen de la Caridad."*

Con el tiempo, la devoción se extendió. Los descendientes de españoles comenzaron a identificarse con la Virgen, y ya en el siglo XX la Iglesia Católica la reconoció oficialmente. Desde entonces, era común que los pescadores llevaran su estampa al hacerse a la mar, buscando su protección.

Yo no era religioso. Pero sabía que, si algún día intentaba escapar por el mar, necesitaría toda la protección posible. Guardé esa idea en silencio, como una posibilidad lejana... pero real.

Capítulo 2

Como muchas de sus amigas, mi abuela tenía una imagen de la Virgen de la Caridad en su dormitorio. Después de que mi madre se casó con mi padre, le pedía con frecuencia que la bendijera con una familia numerosa. Estaba convencida de que sus oraciones habían sido escuchadas cuando, en la década de 1960, mi madre tuvo dos hijos y una hija.

Pero no nacimos en tiempos fáciles.

Aquella década estuvo marcada por un éxodo masivo, ejecuciones ante pelotones de fusilamiento y una escasez creciente que dio paso, en 1962, a las tarjetas de abastecimiento, una manera de controlar la distribución de alimentos. Yo no comprendía entonces la magnitud de aquellos cambios ni cómo la revolución transformaba la vida de mis padres. Eso lo entendería mucho después.

Mi padre, ingeniero químico, intentaba mantenerse al margen de la política, algo casi imposible en aquel contexto. Sus conocimientos valían menos que su disposición a participar en "trabajos voluntarios" y en las guardias nocturnas del vecindario. El gobierno no toleraba la disidencia.

El lema *"por la revolución, todo"* se convirtió en una norma. Incluso a los niños se les alentaba a denunciar a sus propios padres si estos hablaban en contra del sistema.

Cuando mi padre comprendió que debía haberse marchado antes, ya tenía tres hijos pequeños. Su oportunidad había pasado.

Capítulo 2

Para escapar, aunque fuera mentalmente, se refugiaba en los libros de su extensa biblioteca, adquiridos antes de la revolución. También volcó toda su energía en nuestra educación, consciente de que el adoctrinamiento y la falta de preparación de muchos maestros perjudicaban las escuelas. Por suerte, varias de las mejores educadoras de Santa Fe eran familiares nuestras, y eso nos brindó una ventaja invaluable.

Gracias a ese énfasis en el aprendizaje, yo también desarrollé una gran afición por la lectura. Tenía mis libros guardados en un estante detrás de la cama. Leí la enciclopedia y las novelas de Julio Verne varias veces. Pero lo que más despertaba mi curiosidad era la botánica: los injertos, la polinización cruzada, la manera en que la vida se transformaba.

Observaba con fascinación a mi abuela en la cocina. Dejaba los frijoles en remojo durante la noche y, al amanecer, me sorprendía ver cuánto habían crecido y cuánta agua habían absorbido. También noté algo curioso: tenía cebollas amarillas y rojas, pero las rojas duraban mucho más.

—Abuela, voy a crear una cebolla amarilla que dure tanto como una roja —le dije un día.

Sus ojos se arrugaron en una sonrisa.

—¿Y cómo piensas hacerlo?

—Voy a leer sobre eso. Ya verás.

Mi padre me ayudó en aquel intento, pero no contábamos con los recursos necesarios. Y, por supuesto, nunca lo logré.

Capítulo 2

Mientras otros niños tenían peces o palomas, yo construí un pequeño invernadero. Planté cientos de cactus y distintas variedades de orquídeas. Había algo en las plantas que me atrapaba... quizá la sensación de independencia que me ofrecían.

Con el tiempo, entendería que esa necesidad de independencia no era solo una curiosidad infantil.

Era parte de quien yo era y algún día marcaría mis decisiones... y el destino de mi familia.

Capítulo 3

Jorge Lago

La Habana, Cuba

—¿Estás seguro de que llevas todo lo que necesitas? —me preguntó mi padre al verme en el portal, con una bolsa de lona en la mano.

—Sí, papá —respondí.

—Pórtate bien y ten mucho cuidado. Me alegra que puedas viajar por la isla con este programa, pero no olvides que solo tienes doce años. Hay muchas cosas que aún no sabes.

—Las aprenderé —le dije, convencido.

—Entonces, vámonos.

Caminamos juntos hacia la parada del autobús. Siempre recordé la forma en que me miraba: una mirada contenida, difícil de descifrar, que parecía guardar más de lo que mostraba. Nunca supe con certeza qué pensaba. ¿Estaría orgulloso de mí? Quizás, sin darme cuenta, pasé gran parte de mi vida tratando de estar a la altura de expectativas que nunca expresó... pero que yo sentía.

Capítulo 3

Aquel sería uno de mis primeros viajes como parte de un grupo de interes al que me había unido en el Jardín Botánico. Mi padre no podía acompañarme —el trabajo lo mantenía siempre ocupado—, pero nunca dejaba de llevarme a la parada ni de explicarme, con paciencia, cómo regresar a casa.

Formar parte de ese grupo cambió mi vida.

Me involucré en proyectos de investigación por toda la isla y comencé a pasar parte de mis veranos viajando a lugares que, para mí, eran casi míticos. A veces mi hermano me acompañaba, aunque a él le interesaba más socializar con otros participantes que aprender sobre ciencias naturales.

Gracias a esas expediciones, conocí lugares fascinantes como la Sierra Maestra, en el oriente de Cuba; la Sierra del Rosario, en el occidente; y la Ciénaga de Zapata, en el centro de la isla.

Fue entonces cuando comprendí la extraordinaria diversidad de ecosistemas que existían en Cuba... y también descubrí algo más: el gusto por la aventura.

En aquellos paisajes, lejos de las consignas que repetíamos en la escuela —«Pioneros por el comunismo. ¡Seremos como el Che! —me sentía verdaderamente libre.

No había nada comparable a explorar aquellos rincones remotos, a observar y documentar plantas e insectos desconocidos. Recuerdo especialmente las llamadas "mariposas invisibles": sus alas eran transparentes, pero bajo ciertos lentes revelaban colores vibrantes que a simple vista quedaban ocultos. Aquello me enseñó una lección que nunca olvidé: no juzgar por lo que no se ve a primera vista.

Estas experiencias también me formaron. Aprendí a resistir, a adaptarme, a persistir.

Subí el Pico Turquino, el punto más alto de Cuba, enclavado en la Sierra Maestra, en dos ocasiones. Aquel entorno —con sus especies endémicas, sus orquídeas silvestres, sus helechos gigantes y sus vistas imponentes— era un paraíso para alguien como yo. Durante esas travesías, incluso intentábamos seguir los pasos del naturalista alemán Alexander Von Humboldt, a quien muchos consideraban el segundo descubridor de la isla.

Cada viaje despertaba en mí una sed aún mayor de conocimiento.

Esa inquietud fue la que, con el tiempo, me llevó a ingresar en la Universidad de La Habana. Aprender me resultaba natural. Los libros se convirtieron en mi refugio... y en mi forma de entender el mundo.

***

Al graduarme como Licenciado en Geografía de la Universidad de La Habana, tomé una decisión clara: no quería quedarme en la ciudad.

No quería vivir las mismas decepciones que había marcado la vida profesional de mi padre. En Cuba, no era el talento lo que abría puertas, sino la afiliación política. Algunos —las llamadas

Capítulo 3

"vacas sagradas"— ascendían gracias a sus vínculos con los dirigentes del partido, mientras que otros, como mi padre, con mayor preparación y capacidad, permanecían estancados.

Pensé que, lejos de La Habana, tal vez las cosas serían diferentes.

Mi primer trabajo me llevó de regreso a la Sierra Maestra. Mis superiores me asignaron la tarea de poner en funcionamiento un laboratorio ambiental. El lugar contaba con equipos modernos y costosos, pero carecíamos de lo más esencial: personal capacitado y formación adecuada para utilizarlos.

Intenté sacar el proyecto adelante. Incluso recluté a varios amigos de La Habana para que me ayudaran. Pero, pese a nuestros esfuerzos, el laboratorio nunca logró despegar.

Al cabo de unos meses, regresé a La Habana y comencé un nuevo empleo. Como temía, me encontré con los mismos obstáculos que habían frustrado a mi padre.

Volví a vivir con mis padres. Esta vez, ya no como hijo… sino como adulto.

Durante mi infancia, la soledad de los bosques, los pantanos y mis horas entre las plantas me habían ayudado a descubrir quién era. Pero regresar a casa me obligó a ver con claridad quién no quería llegar a ser.

Mis padres siempre habían intentado ocultarnos sus frustraciones. Ahora ya no podían.

Veía el cansancio en el rostro de mi padre al volver del trabajo. Veía su impotencia cuando las

Capítulo 3

colas para conseguir alimentos se hacían interminables. Veía su resignación cuando la poca carne
que lograba comprar en el mercado negro —a precios exorbitantes— se echaba a perder durante un
apagón que duraba horas.

No quería esa vida. No quería convertirme
en él, por lo que necesitaba encontrar una manera
de salir de la isla.

Capítulo 4

Jorge Lago

La Habana, Cuba

Después de mudarme de nuevo a casa, conocí a Alicia en una fiesta en casa de un amigo. Llevaba años viviendo en Santa Fe, pero hasta entonces nunca me había fijado en ella. Su cabello dorado, sus ojos color miel y su piel bronceada me cautivaron desde el momento en que la vi, de pie en el portal, como si siempre hubiera estado allí esperando a ser descubierta.

—He oído muchas cosas de ti —me dijo, con una sonrisa suave que apenas insinuaba lo que pensaba.

—¿De veras? Ahora me has dejado con curiosidad. ¿Qué te dijeron?

—Que eres muy inteligente, que te encanta leer, pero también pasar tiempo al aire libre... una combinación poco común.

Sus palabras, lejos de incomodarme, despertaron mi interés.

—¿Y tú?

—Yo soy una mujer aburrida —respondió con naturalidad—. Nada de aventuras. Pero sí disfruto de un buen libro. Mis amigas dicen que soy una ratona de biblioteca.

Capítulo 4

No pude evitar sonreír.

—Entonces nos entenderemos bien. Mis amigos dicen que actúo como un profesor.

Ella me devolvió una sonrisa leve, pero suficiente para iluminar su mirada, y en ese instante supe que quería volver a verla.

Y así fue.

Desde ese día comenzamos a vernos con frecuencia, y sin darme cuenta, Alicia se convirtió en mi primer amor. Era divertida e inteligente, y compartía mi interés por las ciencias, pero también tenía una ligereza que contrastaba con mi manera de ser. Vivía cerca de la playa y, en mi mente, comencé a construir, poco a poco, un futuro para los dos: imaginaba una vida en otro lugar, lejos de todo, donde pudiéramos enseñar a nuestros hijos sobre la naturaleza, las plantas y la libertad. Sin embargo, nunca le hablé de esos planes; prefería esperar, asegurarme de que tenía algo concreto que ofrecer antes de convertir esos pensamientos en palabras.

Pero la vida no me dio ese tiempo.

Un día, sin previo aviso, Alicia se fue de Cuba y desapareció de mi vida. Meses después recibí una carta en la que me informaba de que ya estaba en los Estados Unidos. Aquella noticia me dejó profundamente afectado, como si de pronto el futuro que había imaginado se hubiera desvanecido sin dejar rastro.

Poco tiempo después, intenté escapar de la isla en balsa en dos ocasiones. La primera vez, la embarcación no resistió y tuve que regresar. La segunda, la Guardia Costera cubana me interceptó antes de que pudiera alcanzar aguas internacionales.

Fui arrestado.

El gobierno me condenó a varios meses de prisión en Villa Marista, una cárcel conocida por albergar a disidentes y por los métodos que se empleaban allí para quebrantar la voluntad de quienes ingresaban. Sin embargo, lejos de debilitarme, aquella experiencia reforzó mi determinación: si antes quería irme, ahora lo necesitaba.

***

—Estoy muy preocupada por ti —me dijo mi abuela una tarde, mientras preparaba una caldosa con las pocas verduras que había conseguido.

Apagó la estufa de carbón y se quedó mirándome en silencio, como si buscara en mi rostro una respuesta que ya temía conocer.

—Abuela, no tengo otra opción. Tú lo sabes.

—Pero ¿cómo vas a salir de esta isla? —insistió—. No olvides lo que ocurrió la última vez. Por favor, no vuelvas a arriesgar tu vida. Quédate, encuentra una buena muchacha, cásate...

Se interrumpió para retirar la olla del fuego. Me acerqué a ayudarla, sujetándola con unos trapos antes de colocarla sobre el mostrador.

—¿Qué fue de aquella muchacha que venía contigo? —preguntó.

—Alicia se fue hace cuatro años, abuela.

Capítulo 4

—Sí... ahora lo recuerdo. Y su hermano se quedó, ¿verdad?

—Sí. Por el servicio militar. Después terminó en la cárcel.

Desde que Alicia se fue, mi vida había quedado en suspenso. No tenía sentido pensar en una relación durante el Período Especial. Apenas podía sostenerme a mí mismo; ¿cómo iba a formar una familia? Además, había algo más profundo: la sensación constante de no tener control sobre mi propia vida, de depender de circunstancias que no podía cambiar.

Mi padre siempre me había enseñado que un hombre debía ser proveedor, y en aquel contexto, esa expectativa se convertía en una carga difícil de sostener.

Mi abuela me acarició el rostro con ternura.

—Siento que lo de Alicia haya terminado. Me caía bien esa muchacha... Pero dime, ¿cómo piensas irte esta vez?

—No te preocupes, abuela. Yo me encargo.

Después de aquella conversación, comenzó a rezar con más frecuencia ante la Virgen de la Caridad.

—Cuida a mis nietos, virgencita... —susurraba.

No me gustaba verla preocupada, así que la abrazaba y le besaba la mejilla cada vez que la encontraba rezando. Siempre lograba sacarle una sonrisa. Para mí, no había nadie más importante

que mi abuela, y lo último que deseaba era cau-
sarle dolor.

Sin embargo, había un problema que no podía ignorar. En mi intento anterior, había vendido
todas mis pertenencias para construir la balsa,
incluso mi ropa interior. Al salir de la cárcel, tuve
que empezar desde cero.

Pero en Cuba, como solíamos decir, la necesidad obliga a inventar.

Cerca de mi casa había una refinería, y a
partir de ahí surgió una idea. Conseguí dos barri-
les grandes gracias a un amigo y comencé a pro-
ducir mi propio ron casero, al que llamé *Ron Jorgito*. Con el tiempo, aquel pequeño negocio ilegal
empezó a generar ingresos suficientes para finan-
ciar un nuevo intento.

Solo necesitaba esperar el momento adecuado.

Una noche, mis hermanos y yo nos sentamos en la sala para hablar. Mis padres no estaban; hacían cola en la bodega. Las ventanas abiertas dejaban entrar la brisa, pero también el riesgo,
por lo que hablábamos en voz baja.

—Leila —le dije—, tú tienes que quedarte
con mami y papi. Roel y yo saldremos en balsas
separadas. Si una falla, al menos no nos perderán
a los dos.

Leila, con sus diecisiete años, me miró con
firmeza.

Capítulo 4

—¿Por qué siempre piensas lo peor? ¿Y si el mar está tranquilo?

Negué con la cabeza.

—Eso solo pasa en tu mundo.

—¿Y por qué tengo que quedarme yo?

—Porque eres la menor. Este es un viaje peligroso, y tenemos que protegerte. Si lo logramos, encontraremos la manera de traerlos después.

Sus ojos se llenaron de lágrimas mientras se inclinaba hacia mí.

—No quiero perderte, Jorge...

La abracé.

—No me pasará nada. Pídele a la Virgen que nos proteja, como lo hace la abuela.

—No sé rezar —dijo—. ¿Y si lo hago mal?

—Entonces pídele a ella que te enseñe.

Mientras hablábamos, pensé en la imagen de la Virgen de la Caridad en casa de mi abuela. Si lograba reunir los materiales para construir otra balsa, necesitaría algo más que ingenio y determinación.

Necesitaría mucha fe.

.

Capítulo 5

Jorge Lago

La Habana, Cuba

Una calurosa madrugada de agosto, mi amigo Tony tocó a la puerta alrededor de las dos. Al abrir, lo noté inquieto: se movía con nerviosismo, jugueteando con los dedos. Entonces bajé la mirada y me fijé en sus pies descalzos, cubiertos de arena.

—¿Qué haces aquí a esta hora? —susurré, temiendo despertar a todos en la casa.

Sin responder, me hizo señas para que lo siguiera hasta el carro estacionado junto a la acera, un viejo Lada azul que había visto en días mejores. Dentro, con las ventanas abiertas, esperaban tres hombres, amigos de Tony desde la infancia.

—¿Qué hacen ustedes aquí? —pregunté en voz baja—. No me digan que están construyendo una balsa.

No sé por qué fue lo primero que pensé, pero todos habíamos hablado tantas veces de irnos que la idea surgió casi por sí sola.

Tony asintió.

—¿Cómo lo adivinaste?

—No era tan difícil. Ahora díganme... ¿qué necesitan?

—Sabemos que ya lo intentaste antes —dijo—. Queríamos ver si podías ayudarnos. No tenemos ni idea de lo que estamos haciendo.

Se hizo un breve silencio. Todos me miraban, esperando.

—¿Así que quieren que vaya ahora mismo a ayudarlos a construir una balsa?

Tony, alto y delgado, sonrió con cierta ansiedad.

—Si te ofreces así de fácil... claro que sí.

Negué con la cabeza.

—No puedo creer que me despierten a esta hora para esto.

—No estabas durmiendo —replicó—. Deja de quejarte.

Y tenía razón. Desde mi arresto, el sueño ya no me llegaba con facilidad.

Subí al carro con ellos y Tony arrancó. El Lada olía a aceite quemado y chirriaba cada vez que frenaba.

—¿De dónde sacaste gasolina? —le pregunté.

—Mejor no preguntes.

No insistí. Ya tenía suficientes problemas.

El trayecto fue corto, no más de quince minutos. Las calles estaban desiertas cuando nos bajamos y caminamos hasta el patio trasero de su casa en Lawton. La hierba seca crujía bajo mis pies, y pronto sentí pequeñas picaduras entre los dedos. Miré hacia abajo: hormigas. Había salido con chancletas y cada paso era un suplicio. Me agaché para rascarme, pero Tony me apuró.

—Dale, no pierdas tiempo.

Seguí caminando, incómodo, tratando de ignorar la comezón.

Cuando por fin vi la estructura, me acerqué y le susurré:

—¿Ustedes están locos?

A pocos metros, justo detrás de la cerca, había un puesto militar con soldados de guardia.

Tony encendió una pequeña linterna y la dirigió hacia la balsa.

—No se van a dar cuenta —dijo en voz baja—. ¿Quién pensaría que alguien construiría una balsa delante de sus narices?

Observé con atención. A pesar de todo...

—No está mal —admití—. Es un buen comienzo.

Por su tamaño, se parecía más a un catamarán que a una balsa improvisada. Desde ese momento, me uní al proyecto.

Durante varias noches, trabajamos en silencio, moviéndonos con cautela, como si cada sonido pudiera delatarnos. Yo aportaba ideas, resolvía problemas, improvisaba soluciones. Era lo único que sabía hacer.

Recolectamos trozos de espuma en latones de basura y los unimos con alquitrán. Organizamos un inventario meticuloso de lo necesario para el viaje: dos botellas de agua de dos litros por persona, suficientes —creíamos— para cinco días; limones y naranjas agrias para evitar la deshidratación; fósforos guardados en botellas de vidrio selladas con cera; un jamón comprado en el mercado negro, cortado en lascas y guardado en una pequeña nevera; latas de leche condensada; tabletas de sal de magnesio; y brújulas con agujas magnéticas.

Calculamos cuántas piezas de espuma de embalaje necesitaríamos en función del peso de los cinco hombres, de los litros de agua que necesitábamos al día y del peso de otros artículos necesarios para el viaje.

Todo estaba calculado. O eso pensábamos.

Nos tomó varias noches terminar el catamarán. Para reforzarlo, envolvimos la estructura con redes de pesca y colocamos madera por debajo y por encima de la espuma de embalaje, para darle la mayor resistencia posible. Cuando finalmente estuvo listo, hicimos los arreglos para que un tractor lo transportara desde el vecindario de Lawton hasta Miramar.

Para entonces, Castro ya había anunciado que no vigilaría la costa. Aun así, ninguno de nosotros estaba completamente seguro de que fuera cierto.

El día de la partida, varios vecinos se reunieron en nuestra casa para despedirnos. El ambiente estaba cargado de una mezcla de esperanza y miedo. Mi madre y mi hermana no podían contener las lágrimas. Mi padre caminaba de un lado a otro en silencio, como si las palabras no le alcanzaran para expresar lo que sentía. Mi hermano no estaba; había dicho que estaría en casa de un amigo preparando su propio viaje, pero yo sabía que, en realidad, evitaba las despedidas. Mi abuela tampoco estaba allí. La imaginé en su casa, rezando.

—Por favor, llama a este número en cuanto llegues a un lugar seguro —me dijo mi madre, entregándome un papel doblado y cuidadosamente envuelto en plástico.

—Lo haré.

Me abrazó con fuerza. En ese momento me pareció más pequeña, más frágil que nunca.

—Por favor... cuídate mucho.

—Lo haré, mami.

Dudó un instante, como si aún no estuviera lista para dejarme ir.

—Necesito que esperes un poco más. Estoy esperando a alguien.

—¿A quién?

—Es una sorpresa.

Miré hacia la calle.

—Pero Tony está afuera esperándome.

—Puede esperar.

El viejo Lada azul estaba estacionado junto a la acera, con las ventanas abiertas. Me asomé al portal.

—Tony, dame unos minutos más —le grité.

Él levantó el pulgar en señal de que entendía.

Volví a entrar. La espera se hizo densa.

Mis padres y mi hermana se sentaron en los sillones. Mi madre insistió en que yo también lo hiciera, pero no podía quedarme quieto. Algunos

vecinos permanecían en el portal; otros conversa-
ban en voz baja desde el comedor. Yo no dejaba
de mirar el reloj sobre la mesa.

—¿Cuánto falta, mamá?

—Debe estar al llegar.

—¿Quién?

No hizo falta que respondiera.

A los pocos segundos, apareció Rogelio, uno
de nuestros vecinos, con una caja de zapatos se-
llada con cinta adhesiva. Tenía pequeños agujeros
a los lados.

—Esto es para ti —dijo, entregándomela.

La caja se movió en mis manos y casi la dejo
caer.

—¿Qué es?

Todos se acercaron, curiosos.

—Tu madre quería asegurarse de saber que
llegarás —explicó Rogelio—. Cuando estés a salvo,
suelta esta paloma mensajera. Regresará a mí.

Me acerqué con cautela y miré por una de
las rendijas.

—¿Y qué va a comer?

—Le puse algo dentro. No te preocupes, las
palomas no son exigentes.

Levanté la vista hacia mi madre.

—¿Tú planeaste esto?

Ella me sostuvo la mirada.

—Jorge... no olvides que el amor de una madre es más grande que ese océano que te va a se-
parar de mí.

Sus palabras me atravesaron.

Por un instante, todo se detuvo.

Capítulo 5

Rogelio era uno de los amigos más cercanos de mi padre. Me había visto crecer y trataba a mi hermano y a mí como si fuéramos sus propios hijos, quizá porque la vida no le dio los suyos. Lo abracé con fuerza y le di las gracias.

Antes de irse, aquel hombre de cabello blanco me miró con seriedad y dijo:

—Mantente a salvo. Todos los vecinos los apoyan, muchachos.

Asentimos en silencio y salimos rumbo a la casa de Tony.

Mientras conducía, Tony no dejaba de morderse el dedo. Yo también estaba nervioso. Sabíamos que, si los militares descubrían lo que habíamos hecho, podrían detenernos sin dudarlo. Nadie tenía acceso a los materiales para construir una balsa; la sospecha de que todo había sido robado bastaría para incriminarnos. Pero la verdad era otra: habíamos improvisado con lo que teníamos.

Desarmamos muebles, arrancamos persianas de las ventanas y reutilizamos cada pedazo de madera disponible. Parte de la estructura provenía de los viejos muebles de caoba de mi abuela. Con vigas improvisadas, logramos darle forma y estabilidad.

Nuestra embarcación era más grande que la mayoría de las que habíamos visto: medía cinco metros de largo por dos de ancho. Sin embargo, aún nos quedaba un último obstáculo: sacarla del patio sin levantar sospechas.

Capítulo 5

—Tengo una idea —dijo Tony—. Voy a pedirle a una amiga que les lleve unas botellas de Ron Jorgito a los militares. Después... esperamos.

El plan parecía arriesgado, pero no teníamos otra opción.

Usamos parte del ron que Tony guardaba para nuestras reuniones y enviamos a la mujer. Cuando regresó, aguardamos en silencio hasta que los soldados se volvieran ruidosos, confiados, distraídos.

Entonces actuamos.

Llevamos el tractor al patio trasero y colocamos la balsa sobre una plataforma. La cubrimos con una gran lona que mi abuela había cosido con sus propias manos. Bajo aquella tela, nuestra única oportunidad de escapar de la isla.

El tractor avanzó lentamente por las calles de La Habana. Nos aferrábamos a la esperanza de que, para cualquiera que nos viera, no fuéramos más que trabajadores de la construcción en camino a cualquier proyecto.

Pero al acercarnos al destino, un autobús —el número 79— se detuvo justo a nuestro lado. Los pasajeros miraron con atención la forma bajo la lona... y comprendieron.

—¡Buena suerte, muchachos! ¡Que lo logren! —gritaron.

Un escalofrío me recorrió el cuerpo.

Finalmente llegamos a la zona detrás del Teatro Carlos Marx, donde las familias solían reunirse al atardecer para disfrutar de la brisa marina. Al vernos, muchos se apartaron de inmediato, como si temieran que alguien los relacionara con nosotros.

Pero no todos.

Entre la multitud, una pareja elegante de unos cincuenta años permaneció inmóvil. El hombre le susurró algo a su esposa. Ella negó con la cabeza. Él insistió. Finalmente, la mujer suspiró, se soltó de su brazo y caminó hacia nosotros.

—¡Muchachos, deténganse! —dijo.

Obedecimos.

Se acercó lo suficiente como para que pudiéramos percibir su perfume floral. Su mirada era serena, cargada de una compasión que no necesitaba palabras. Extendió el brazo y nos ofreció una sombrilla.

—Esto los protegerá —dijo—. Estaré rezando por ustedes.

Aceptamos el regalo en silencio, como si fuera algo más que un objeto: un gesto de fe, un presagio.

Empujamos la balsa hacia el mar y saltamos sobre ella, mientras el conductor del tractor nos gritaba algo desde la orilla. No entendíamos lo que decía... hasta que lo recordé.

—Nos olvidamos de pagarle —dije.

Metí la mano en el bolsillo y sentí el dinero, aún en una bolsa de plástico. Sin pensarlo, salté al agua y nadé de regreso a la orilla. Corrí hacia el conductor y le entregué los veinte pesos.

Él me miró fijamente al recibirlos.

—Mantente vivo —dijo.

Le devolví la mirada y sonreí.

Capítulo 5

Entonces escuché las voces de mis amigos llamándome, apremiándome a regresar.

Capítulo 6

Jorge Lago

Frente a la costa de La Habana, Cuba

El 19 de agosto de 1994, en plena temporada de huracanes, salimos de La Habana poco después de la puesta del sol. Aquella temporada no había sido particularmente activa, pero sabíamos que el mar no entiende de pronósticos. En cualquier momento, todo podía cambiar.

Nuestros puntos de referencia eran las luces de los hoteles Tritón y Habana Libre, que poco a poco se desvanecían a nuestras espaldas. Evité mirar hacia la costa más de lo necesario. Sabía que, si lo hacía demasiado, dudaría. Y ya no había espacio para dudas.

Aseguramos con sogas la sombrilla que nos habían regalado, la caja con la paloma mensajera y las provisiones. Cada objeto tenía su lugar, cada detalle contaba.

Durante la noche nos turnábamos para remar. Cuando abríamos una nueva botella de agua, exprimíamos un poco de limón para evitar la deshidratación. Era un gesto pequeño, casi insignificante, pero en el mar todo podía marcar la diferencia.

Remábamos de noche y descansábamos de día. Nos cubríamos con sábanas y tratábamos de dormir desde media mañana hasta entrada la tarde. Comíamos pequeños trozos de jamón para conservar energía y líquidos. Era una rutina frágil, sostenida por la necesidad.

Los hombres que me acompañaban no tenían experiencia en el mar. Yo sabía un poco más por haber crecido cerca de pescadores, pero eso no nos convertía en expertos. En el fondo, todos estábamos aprendiendo sobre la marcha.

La madrugada del domingo 21 de agosto, el mar cambió. Primero comenzó el viento y luego, los truenos. Y después, una intensa tormenta.

Las ráfagas nos golpeaban con fuerza mientras la lluvia caía casi horizontalmente, impulsada por el viento. Los relámpagos desgarraban el cielo y, por breves instantes, iluminaban las olas que se alzaban sobre nosotros como muros en movimiento.

—¡Agárrense a lo que puedan! —grité, con el agua azotándome el rostro.

Todos obedecieron... excepto Carlos.

Tenía dieciséis años. Su ropa estaba empapada, y su cuerpo temblaba sin control. Intentaba mantenerse en pie, pero sus piernas comenzaron a fallarle. Había algo en su mirada —vacía, perdida— que me alertó de inmediato.

Me abrí paso hacia él como pude.

—¡Carlos! —le grité.

Capítulo 6

No respondió.

—¡Se está enfriando demasiado! —les dije a los demás—. ¡Tenemos que mantenerlo caliente!

Pero en medio de aquella tormenta, nada era fácil.

Nos arrastramos hasta él y lo rodeamos, dándole la espalda al viento. Extendimos la lona sobre su cuerpo y nos aferramos a ella mientras la lluvia nos golpeaba sin tregua. La sombrilla, útil bajo el sol, no servía de nada en esas condiciones.

La balsa se sacudía violentamente.

Por momentos, sentí que perderíamos el equilibrio y caeríamos al mar.

Y entonces entendí, con una claridad brutal, dónde estábamos. En medio de la nada, a merced del mar, nuestra balsa podía deshacerse en cualquier instante... y nadie jamás sabría lo que había sido de nosotros.

Escuchamos gritos, lejanos y desesperados. Venían de dos direcciones distintas, pero la oscuridad era absoluta. Ni siquiera los relámpagos lograban revelar su origen. Poco a poco, esas voces se apagaron.

Y supimos lo que eso significaba.

Cuando un hombre se enfrenta a la muerte, su mente no se queda en silencio. Todo lo contrario. Pensé que no sobreviviríamos aquella noche.

La naturaleza era más fuerte que nosotros... y estaba ganando.

Entonces recordé la estampita de la Virgen de la Caridad que mi abuela me había dado. La llevaba en el bolsillo, protegida en una bolsita de plástico. La toqué con los dedos y, sin palabras, le pedí ayuda.

La imagen de los tres hombres luchando contra el mar, con la Virgen sobre ellos, cruzó por mi mente.

Después de eso... dejé de luchar contra el miedo. Lo acepté y esperé.

La tormenta duró horas, o al menos eso pareció. El tiempo dejó de tener sentido. Cada minuto se estiraba como si nunca terminara.

En algún momento, vencidos por el agotamiento, nos quedamos dormidos.

Fui el primero en despertar. El amanecer apenas comenzaba a insinuarse y yo seguía vivo. Me pellizqué, incrédulo. Dolía. No era un sueño.

Miré a mi alrededor. Conté a los hombres uno a uno. Estábamos todos.

Aparté la lona que cubría a Carlos. Su pecho se movía lentamente. Seguía respirando.

El mar estaba en calma, pero no estábamos a salvo.

La primera aleta apareció a unos metros de la balsa. Un ojo inexperto podría haber pensado que era un delfín, pero yo no.

Luego apareció otra, al lado opuesto y me quedé completamente inmóvil. Me aseguré de que nadie tuviera las manos o los pies cerca del borde.

Recordé lo que había aprendido: no hacer movimientos bruscos, mantener la calma, respetar el espacio del animal.

Nosotros estábamos en su territorio.

Capítulo 6

Desde el momento en que nos lanzamos al mar, habíamos pasado a formar parte de su mundo... y de su cadena alimentaria.

Deseé que los demás siguieran dormidos ya que el pánico era lo último que necesitábamos.

Por un instante, las aletas desaparecieron y pensé que se habían ido. Pero regresaron.

Carlos se movió. Se giró sobre la espalda y estiró los brazos. Me acerqué con cuidado y lo toqué suavemente para llamar su atención. Cuando abrió los ojos, señalé hacia el agua y llevé un dedo a mis labios.

Silencio. Sus ojos se abrieron de horror. Negué lentamente con la cabeza, indicándole que se calmara.

Tomé una botella de agua y se la entregué. Le hice una señal con los dedos: debía tomar solo un poco. Lo último que necesitábamos era que vomitara y atraiga a los tiburones.

Capítulo 7

Andrés Gómez

Cienfuegos, Cuba

No hay despedida más dolorosa que la que nunca llegamos a dar.

A mi padre le negué esa última palabra la noche en que me fui. Quizás lo hice creyendo que era lo mejor, pensando que así le ahorraría —y me ahorraría— el peso de un adiós. Pero en ese intento de protegernos, le arrebaté algo que no tenía derecho a quitarle.

Nací en 1970 en la ciudad de Cienfuegos, en la región centro-sur de Cuba. A unos 245 kilómetros de La Habana, esta ciudad —conocida como la *Perla del Sur*— se distinguía por su elegancia. Su centro histórico, de marcada influencia neoclásica, albergaba edificios y monumentos que parecían resistir el paso del tiempo: la Catedral, el Fuerte de Jagua, el Parque José Martí. Aquella riqueza arquitectónica le valió el reconocimiento de la UNESCO como uno de los lugares más bellos de la isla.

En el paseo marítimo de Punta Gorda, los pescadores lanzaban sus líneas al agua sin más herramienta que un hilo enrollado en un trozo de

41

madera. Usaban gusanos o larvas como carnada. Mi padre solía decir que el maíz dulce era más eficaz, pero en aquellos tiempos ese lujo estaba fuera del alcance de la mayoría.

Punta Gorda también albergaba algunas de las mansiones mejor conservadas del país. Se decía que allí vivían dignatarios, extranjeros adinerados y altos funcionarios. Cada vez que pasaba frente al Palacio Azul o al Club Cienfuegos, me detenía a observarlos, fascinado por su belleza. No entendía los estilos arquitectónicos, pero un profesor, al notar mi interés, me enseñó a reconocerlos.

Mi familia era unida. Para nosotros, la familia lo era todo. Existía una responsabilidad compartida: cuidar de los padres, de los abuelos, de los hijos. El respeto a los mayores no se cuestionaba.

Pero con el paso del tiempo, algo empezó a cambiar.

A medida que las raciones disminuían y la escasez se hacía más severa, comenzamos a ver cómo el hambre transformaba a las personas. Aquellos que no pertenecían a nuestra familia —vecinos, conocidos— empezaban a comportarse de maneras que antes habrían sido impensables.

El hambre no solo vacía el cuerpo. También desgasta la conciencia.

En las largas filas para comprar alimentos, bastaba con un desacuerdo mínimo para que estallaran discusiones, empujones e incluso peleas. Y lo que más nos sorprendía —lo que más dolía—

era ver cómo desaparecía el respeto: los ancianos ya no eran invitados a pasar al frente.

Cada cual luchaba por lo suyo. Aunque eso significara dejar a otros atrás.

***

Mis padres se casaron en 1969, un año antes de que yo naciera. Durante un tiempo, mi madre se quedó en casa cuidándome, pero a medida que las raciones disminuían y la escasez se hacía más evidente, ambos tuvimos que adaptarnos. Dependían cada vez más del mercado ilegal, lo que exigía mayores ingresos; por eso, mi madre terminó incorporándose a la fuerza laboral. Mi padre, tras cumplir el servicio militar obligatorio, comenzó a trabajar en telecomunicaciones.

Crecí con muy poco, como todos los niños a mi alrededor. Mi padre me fabricaba con sus propias manos los pocos juguetes que tenía, tallados en madera. Cuando comencé la escuela a los cinco años, vestía el uniforme obligatorio y la pañoleta roja que simbolizaba el comunismo, aunque para mí no significaba nada. Era un símbolo vacío, parte de un sistema en el que mis padres no creían. Siempre hicieron lo posible por protegerme, filtrando lo que escuchaba en la escuela y ofreciéndome, en casa, una visión distinta de la realidad.

Nuestra vida era sencilla, sin lujos, pero se volvió aún más difícil después de la fallida cirugía de espalda de mi padre en 1976, en el Hospital

Frank País de La Habana. Aquel día, su cirujano no pudo asistir y, en su lugar, un estudiante de medicina realizó el procedimiento. Mi padre nunca volvió a ser el mismo. Desde entonces vivió con dolor constante, entrando y saliendo de hospitales.

Durante sus largas hospitalizaciones, mi madre permanecía a su lado, muchas veces sin recibir salario por sus ausencias. Yo quedaba a cargo de mi abuela. Para ayudarnos, las amigas de mi madre reunían dinero con el que pagábamos la escasa cuota mensual que nos permitía la libreta de abastecimiento.

Recuerdo a mi padre de pie en el portal, masajeándose la espalda con las manos. Lo observaba desde la ventana, deseando poder hacer algo por aliviar su dolor. Un día me acerqué y, al ver la expresión en su rostro, le pregunté:

—¿Te duele mucho, papi?

Él forzó una sonrisa, asintió y me acarició el cabello.

—No te preocupes. Todo va a estar bien.

Pero yo supe, incluso entonces, que no era cierto.

Aun así, a pesar del dolor, yo siempre fui su prioridad. Hizo todo lo posible por darme una infancia normal en un entorno donde nada lo era. De él y de mi madre aprendí lo que significaba resistir, cuidar y seguir adelante. Eran, sin duda, los mejores padres que alguien pudiera tener.

Cuando era niño, sufría ataques frecuentes de asma. Ignorando su propio sufrimiento, mi padre me montaba en su bicicleta china roja y me llevaba hasta la costanera de Punta Gorda para que respirara el aire del mar. Aquellos paseos me aliviaban. Me gustaba sentarme en el muro blanco junto a él, observando los barcos y a los pescadores, mientras escuchaba sus historias.

Fue allí, frente al mar, donde comenzó a hablarme del futuro.

—No digas esto en la escuela —me advirtió una vez—, pero algún día quiero que te vayas de este lugar. A los Estados Unidos.

—¿Dónde está? —le pregunté.

—A unos 150 kilómetros de la costa norte de La Habana. La gente de todo el mundo daría lo que fuera por vivir allí.

Siempre me pedía que guardara silencio.

—Si el gobierno supiera lo que te digo, podría ir a la cárcel.

—No se lo diré a nadie —le prometí.

Con el tiempo, me explicó que en Estados Unidos la gente podía opinar libremente sin miedo. Aquellas conversaciones, susurradas frente al mar, se quedaron grabadas en mí.

Entonces supe que no moriría en Cuba.

—No hay presente sin futuro —solía decir.

Por eso insistía tanto en mi educación. Quería que estuviera preparado para la vida que él no pudo tener.

En 1985, con quince años, me fui a La Habana a estudiar electrónica. No porque me interesara realmente, sino por insistencia de mi padre. Estudiar en aquel contexto parecía más una obligación que una oportunidad. Después de todo, se decía que Cuba tenía los taxistas mejor educados del mundo. ¿De qué servía tanto esfuerzo?

A los dieciocho años cumplí el servicio militar obligatorio. Luego conseguí un trabajo civil en la Marina, pero pronto me cansé de los viajes y de la rutina y terminé buscando otras opciones.

Con el tiempo, la idea de irme de Cuba dejó de ser un pensamiento lejano y comenzó a tomar forma. No sabía cómo lograrlo, pero estaba convencido de que debía hacerlo.

A finales de los años ochenta, el gobierno inauguró la llamada *Casa de Cambio del Oro y la Plata*. Allí, las personas vendían sus pocas joyas familiares —a menudo reliquias de generaciones— a cambio de certificados llamados "chavitos", con los que podían comprar productos en tiendas especiales a precios elevados. La desesperación era tal que muchos preferían desprenderse de recuerdos familiares para sobrevivir.

Gracias a un amigo, mi padre consiguió trabajo en una de esas casas de cambio. Era un puesto privilegiado, sobre todo porque no era miembro del Partido Comunista. Durante esos años aprendió a trabajar en la joyería, una habilidad que luego aprovechó por su cuenta cuando perdió el empleo, probablemente por no estar afiliado al partido.

Para entonces, su salud había empeorado. Una segunda cirugía lo dejó aún más limitado físicamente. Sin embargo, con sus manos seguía siendo extraordinario.

Capítulo 7

Me enseñó el oficio.

Comenzamos a comprar monedas de plata y a transformarlas en anillos y cadenas. Las ganancias eran modestas, pero constantes.

Mientras tanto, yo también buscaba construir mi vida. A los veinticuatro años ya estaba casado y tenía una hija de tres años. Para cumplir con las exigencias del gobierno, trabajaba como lavaplatos en el Hotel Jagua, pero mis ingresos reales provenían del negocio de joyería que llevaba con mi padre.

A mi hija le daba todo lo que podía. Vestidos bonitos, cumpleaños con pasteles elaborados, pequeños lujos que pocos podían permitirse en la isla. La joyería nos permitía intercambiar productos y asegurarle una infancia digna.

Pero sabía que no podía durar.

La envidia era peligrosa. En Cuba, destacarse demasiado podía convertirse en un problema.

Mis padres siempre decían que la envidia había sido uno de los motores de la revolución.

Y había cosas... que nunca cambiaban.

Capítulo 8

Andrés Gómez

Cienfuegos, Cuba

Cuando se presentó la oportunidad de salir de la isla, las cosas se movieron mucho más rápido de lo que esperaba. El 21 de agosto de 1994, estaba bebiendo ron con mis amigos y escuchando un casete de rock cuando Julio dijo: —Hay un tipo en Sagua la Grande, amigo de un amigo, que está vendiendo una balsa por treinta dólares.

Eché mi mano hacia atrás.

—Tú no estás jugando conmigo, ¿verdad? —le pregunté, sabiendo lo mucho que le gustaba inventar cosas.

—*Asere*, ¿alguna vez te mentiría sobre algo así? ¡Lo digo en serio!

La palabra '*asere*' me hizo pensar en mi madre. La despreciaba. Es un término coloquial que significa 'amigo', pero ella pensaba que era vulgar. Le decía que tenía que adaptarse a los tiempos, pero ella se arraigaba a sus costumbres y a su educación.

Capítulo 8

—No le hagas caso —dijo Armani—. Bebió demasiado ron y le está afectando el cerebro.

—No estoy mintiendo. ¿Ves? Tengo la dirección.

Julio sacó de su bolsillo un papel doblado con una dirección. También nos dio detalles adicionales sobre la transacción. El vendedor nos daba un día para llegar con el dinero. De lo contrario, se la vendería a otra persona.

—El vendedor dijo que solo se permiten hombres en la balsa.

La condición sonaba ridícula.

—Pero ese tipo no ha conocido a mi mujer —le dije—. Puede que no sea tan fuerte como yo, pero es implacable.

Al responder, Julio gesticuló con las manos y alzó la voz:

—Esas son las reglas del vendedor, no las mías.

— ¿Qué le importa quién viene y quién se queda? Nos está vendiendo la balsa. ¿No podemos hacer lo que queramos con ella?

—Solo te digo lo que sé —agregó Julio—. Todos tenemos que estar listos para irnos. No quiere perder el tiempo.

Las reglas no tenían sentido. Había algo que el vendedor no había comunicado. Sin embargo, no quería desperdiciar la única oportunidad que tenía de irme.

Le dije a Julio que volviera a llamar al hombre y le dijera que quería comprar la balsa. Julio, Armani y yo estaríamos allí al día siguiente. Ahora lo que restaba era comunicárselo a mi familia, pero decidí excluir a mis padres. No quería que se preocuparan.

Decirles adiós a mi hija y a mi esposa fue lo más difícil que había hecho hasta entonces. Sostuve a mi niña de tres años en mis brazos, acaricié su cabello castaño y la cubrí de besos.

—No olvides cuánto te quiere tu papi —dije—. ¿Quieres a Papi?

Ella asintió con entusiasmo. Había una inocencia en su brillante sonrisa, una que siempre recordaría. No había nada en el mundo que yo no hiciera por ella.

—Papi, ¿me puedes llevar al parque más tarde? —me preguntó mi hija.

Las lágrimas se asomaron a los ojos de mi esposa. Ella me miró con una expresión triste.

Las palabras 'más tarde' ya no formaban parte de mi vocabulario, ya que se avecinaba un gran signo de interrogación en mi camino.

Mi prima, Marta, estaba de pie junto a mi esposa, mirándonos. Nacimos el mismo año y siempre habíamos estado muy unidos. Sus ojos oscuros se fijaron en mi hija antes de enfocarse en los míos. Me miro con ira. ¿Entendía cuánto estaba arriesgando? ¿Se había dado cuenta de que todo lo que importaba en mi vida estaba frente a mí y que nada volvería a ser igual? Estaba poniendo en peligro mi vida por *ellas*. En los siguientes minutos, parte de mi corazón sería arrancado de mi pecho. ¡Necesitaba que ella viera lo que estaba sintiendo!

Capítulo 8

Había dos personas ausentes en mi despedida. Mis padres. Yo no quería ver llorar a mi padre. Quería evitarle el dolor de decir adiós, de la misma manera en que él me libró a mí de su vida de dolor. Habría sido duro verlo llorar. Nunca lo había visto llorar. Se mantuvo firme, como si quisiera salvarnos de su realidad.

Así que le pedí a mi esposa y a Marta que le dijeran que había ido a La Habana a ver a unos amigos. Mi esposa y yo vivíamos junto a la casa de mis padres, en una casita que él nos construyó. Esto hizo difícil ocultar mis planes. Le había estado haciendo preguntas a mi esposa y ella seguía negando que yo me iba. Mi esposa y yo acordamos que ella se lo contaría todo una semana después. Esperaba que para entonces hubiera llegado a mi destino.

Me preguntaba si mantener la noticia de mi partida oculta a mi padre era también una forma de protegerme. Imaginé ese último abrazo. Imaginé su silencio. Aunque tenía cuarenta y tantos años, su cabello se había vuelto gris y envejecido más allá de su edad. Y luego aquella delgadez, ya que comía poco para dejar el resto para su familia. En mi mente, visualicé la mirada de mi padre durante la despedida que le robé. Hubiera querido que supiera que era mi héroe, pero nunca se lo dije.

Mi padre me había enseñado que los hombres no lloran, por lo que me mantuve fuerte para mi familia. Di un paso atrás. Era hora de irse.

Capítulo 8

Por un momento, mi esposa me miró. La intensidad de su mirada revelaba lo que las palabras no podían transmitir. Era una mirada inquisitiva y preocupada, pero yo no tenía respuestas. La dejé a ella, a mi hija y a mi prima en el portal. Mi esposa sostenía a mi hija en brazos y la animaba a despedirse de mí. Marta estaba a su lado.

A pesar de lo difícil que fue aquel día, la vida tenía aún más desafiantes pruebas por delante. Esperaba estar listo para enfrentarlas.

Capítulo 9

Andrés Gómez

Sagua La Grande River, Cuba

El 23 de agosto tomamos un tren hacia el norte, al pueblo de Villa Clara y, de allí, otro hasta Sagua La Grande. En mi bolso llevaba dos frascos de miel, un sabroso regalo de las abejas que nos sostuvo a mi familia y a mí en aquellos días en que no había nada que comer.

Durante los viajes en tren, Armani no dejaba de decirme que perdía el tiempo.

—No le puedes creer a Julio. Ya sabes cómo es. Vamos a llegar allí y descubrir que estaba bromeando.

No podía creer que Julio me mintiera así, aunque era posible. Una vez nos convenció de que se había ganado la lotería de inmigración de Estados Unidos. Durante todo un mes, compartió planes detallados de lo que pretendía hacer una vez que llegara a Miami.

Le dio un ataque de risas cuando finalmente nos dijo que había sido un invento suyo. Eso sucedió un día antes del viaje previsto. No había ganado la lotería. No podíamos creer que pudiera mentir así.

Yo estaba nervioso. ¿Y si volvía a mentir?

Desde mi asiento junto a la ventana, contemplaba los verdes pastos y las altas palmeras reales, tan familiares. Mientras el sol desaparecía en el horizonte, los campos se veían aún más impresionantes.

Yo no era un hombre de palabras, ni me gustaba leer ni escribir. Sin embargo, creo que sólo el poeta más talentoso habría podido encontrar las palabras adecuadas para describir lo que vi y escuché aquella tarde: los tonos naranja, azul y verde, el canto de los pájaros y el chasquido de las ruedas del tren en la vía férrea.

Mi nerviosismo crecía a medida que nos acercábamos a nuestro destino. Ya era de noche cuando llegamos al tranquilo pueblo de Sagua la Grande.

Caminamos por una calle de casas adosadas, notando que algunas estaban en mejores condiciones que otras. Había estado en este pueblo con mi padre un par de veces y no había cambiado mucho, excepto en las condiciones de las casas y en los edificios coloniales. El moho crecía en muchos de ellos, casi como una insignia de honor. Eran viejos y deteriorados, pero seguían en pie. Cerca del centro de la ciudad, en la zona turística, se alzaba un puñado de edificios de estilo colonial bien conservados que preservaban la belleza de años pasados.

Capítulo 9

Después de una larga caminata, cruzamos el puente sobre el río Sagua. Era tal y como lo recordaba.

—Julio, ¿te acuerdas cuando mi padre nos trajo aquí y saltamos del puente al río?

Sonreí al pensar en el pasado. Recordaba los árboles de framboyán, llenos de flores naranjas, que se alzaban en la orilla del río, la vegetación exuberante y verde, y las barandas de metal rojo en la sección central del puente, donde los niños se reunían para saltar.

—Sí, tenías miedo tremendo. ¡Mariquita!

Armani se echó a reír.

—Julio, deja de inventar historias. Fuiste tú el que casi se caga en los pantalones la primera vez que brincaste. Pensé que ibas a llorar.

Julio hizo un gesto negativo con la cabeza.

—Vaya, hombre. Con amigos como tú, no necesito enemigos.

—Sabes que estoy jugando contigo —dije—. Eres como un hermano para mí.

—No me digan que ahora se van a poner románticos y se van a besar —respondió Armani.

Las carcajadas de Julio se escuchaban al otro lado de la calle.

—La única persona a la que voy a besar es a esa guapa morena con la que andas —dijo Julio.

—Solo si quieres que te den un puñetazo en la cara —respondió Armani.

—Oye, concentrémonos en lo que estamos haciendo y dejemos de comportarnos como niños de doce años —les dije.

Capítulo 9

Después de salir del concurrido centro, giramos por una de las calles laterales. Caminamos un rato, observando a las pocas personas en el camino: una mujer de mediana edad con pantalones cortos ajustados y una blusa roja de delgados tirantes, un anciano de piel curtida y rostro arrugado con un sombrero de paja. Nos miró con recelo, pero siguió adelante. Un perro flaco cruzó la calle y nos ladró. Luego se alejó cuando Armani intentó acariciarlo.

El sudor se me acumulaba en la frente y en la espalda. Momentos después, una suave brisa me acarició el rostro. Procedía de la costa, situada a dieciocho kilómetros. El aire fresco me ayudó a relajarme un poco.

Después de una caminata de quince minutos, nos detuvimos frente a una pequeña casa despintada cerca de una esquina. Su sucia puerta de entrada estaba justo junto a la acera. Después de llamar, escuchamos voces provenientes del interior.

—Abre la puerta —gritó una mujer.

Unos segundos después, un hombre de cabello negro, bronceado y delgado abrió la puerta.

—Estamos aquí para comprar una balsa. Mayito me mandó —dijo Julio en voz baja.

El hombre nos invitó a pasar y nos pidió que nos sentáramos, pero le dije que teníamos prisa. Así que todos nos quedamos de pie.

—Soy Andrés —le dije—. Soy el que está interesado en comprar la balsa. ¿Usted es Alberto?

—Sí, pero la gente me llama Al.

Capítulo 9

—La está vendiendo por 30 dólares, ¿verdad?

—Así es.

—¿Podemos ir a verla?

—¿Tienes el dinero contigo?

Hice un gesto afirmativo con la cabeza. Su mirada se desplazó entonces de mí a cada uno de mis amigos; primero, mi mejor amigo Julio, un apuesto mulato de ojos verdes y bíceps fuertes que hacían que los hombres desearan ser él. Se había acostado con mujeres de todas las edades, incluidas algunas turistas. Armani, el más bajito de los tres, tenía la piel bronceada por pasar sus días de pesca y su tiempo libre en la playa María Aguilar. Luego, estaba yo, delgado, con un bigote y el pelo grueso y negro, peinado hacia atrás.

Julio a menudo se reía de mí porque decía que me parecía al hermano menor de Fidel Castro. Nada más lejos de la realidad, pero sabía cuánto me molestaba esa comparación. A pesar de nuestras diferencias, nuestro amor por el ron y la música de Led Zeppelin nos unía.

Mis amigos a veces me decían *"el intelectual"* porque había estudiado electrónica en La Habana. Pero yo, de intelectual, no tenía nada. Tal vez tendía a analizar demasiado las cosas, mientras mis amigos vivían en el momento.

—¿De dónde son ustedes? —preguntó Al.

—Cienfuegos —le dije.

— ¿Estás listo para comprar la balsa esta noche? Eso es, si te gusta.

—Lo estoy —respondí.

Capítulo 9

Permaneció en silencio por un momento mientras volvía a examinar cada uno de nuestros rostros. Luego, inhaló y reflexionó sobre su siguiente línea: —María, voy al río. Vuelvo pronto.

—¿Ves? ¡Te dije que no estaba mintiendo! —dijo Julio, dándome un pequeño empujón.

No respondí. Todavía estaba escéptico.

Caminamos con Al hasta una parada de autobús cerca del centro del pueblo. El autobús nos llevó a una zona remota. En aquella zona, apenas había casas y la vegetación se volvió más espesa. A partir de ahí, caminamos un buen rato hasta los manglares.

—¿Cómo va a encontrar la balsa? Está demasiado oscuro —dijo Julio.

—Sé exactamente dónde está. Está bien escondida para que nadie se la pueda robar —Al respondió.

—¿La construyó usted?

—No. La encontré un día cuando estaba pescando, después de una tormenta y la escondí bien —dijo Al.

—Está demasiado oscuro —observé—. ¿Cómo la vamos a ver?

Al respondió con calma: —Traje una linterna conmigo.

Tenía que ser una broma bien orquestada. ¿Por qué Al vendería su balsa si pudiera usarla para salir de Cuba?

Lo seguimos hasta el río y a lo largo de un sendero apartado. El río se ramificaba en varias direcciones. Era como un laberinto. ¿Cómo supo

Capítulo 9

Al qué camino tomar? Estaba un poco asustado. ¿Qué pasaría si nos encontráramos con un cocodrilo o una serpiente gigante? Caminamos un largo rato, escuchando solo el sonido de nuestros pasos, los grillos y el canto de los pájaros. Los mosquitos reinaban en estas zonas y la vegetación se volvió aún más espesa. Los manglares nos rodeaban. Este era un lugar perfecto para esconder cualquier cosa. Por un tiempo, caminamos en agua que nos llegaba hasta las rodillas. Mis buenos pantalones se empaparon, pero era inútil quejarme de ellos mojados o de las picaduras de mosquitos.

Después de un rato, Al anunció: —Aquí está.

No podía ver nada. Sin embargo, Al me dio su linterna. —Apúntala en esa dirección —me ordenó—.

Levantó varios ramajes y, debajo de estos, estaba la balsa. La alegría me llenó. Miré a Julio. —Entonces, no estabas bromeando.

— ¿Qué te dije? —respondió—. No mentiría sobre algo así.

Le devolví la linterna a Al y traté de levantar la balsa. Era demasiado pesada para mí, así que los demás muchachos me ayudaron. Una de las cámaras de aire estaba ponchada.

—Tenemos que cambiar esta —dije.

Al se rascó la cabeza. Siguió un breve silencio. *¿Y ahora qué?* Me pregunté.

Capítulo 9

La siguiente declaración de Al hizo que mis ojos se iluminaran. —Tengo un amigo en el pueblo que podrá reemplazarla.

—¿Cuántas personas cree que caben aquí? —añadí.

Al reflexionar, luego respondió: —Creo que es lo suficientemente grande para diez personas.

Pero no parecía convencido.

—¿Está seguro de que está en condiciones de navegar? —pregunté.

—Debe estar. Una vez que reemplacemos la cámara de aire ponchada, por supuesto.

Se detuvo un momento y luego añadió:

—Miren, ya es tarde. Nos vemos en mi casa mañana por la tarde. Para entonces, tendré una cámara de aire de repuesto. ¿Cuántas personas vienen contigo?

—Somos nosotros tres y cinco de nuestros amigos. Debo llamarlos. Podrán llegar aquí más tarde, esta misma noche.

—Entonces, tienen espacio para dos más— concluyó Al.

—Podríamos encontrar dos más —dije.

—¿Alguno de ustedes sabe navegar?

—Armani es pescador. Sin embargo, una balsa es diferente a un bote —le dije.

—No es tan diferente —respondió Armani.

Al no perdió el tiempo después de enterarse de que Armani era un pescador como él.

—Mira, hagamos un trato. Me pagas los 30 dólares y deja que mi esposa y yo vayamos con ustedes. A cambio, llevaremos una brújula y comida. Me van a necesitar porque estoy muy familiarizado con la zona. Es posible que no puedan llegar a las aguas abiertas sin mí.

Entonces me di cuenta de que ahí estaba el gancho. Al no quería que ninguna otra mujer viniera con nosotros, solo su esposa. Accedí a su petición. Después de todo, no teníamos ninguna otra opción.

Estreché la mano de Al y tomamos el autobús de regreso al pueblo. Aquella noche dormimos en el suelo de la casa de uno de los parientes de Julio. Nuestros otros amigos llegaron después de la medianoche.

Yo no lo sabía entonces. Pero la aventura más grande y peligrosa de nuestras vidas estaba a punto de comenzar.

Capítulo 10

Andrés Gómez

Sagua La Grande River, Cuba

En la mañana del 24 de agosto, Al cambió la cámara de aire de la balsa y compró pan y azúcar para el viaje. También nos trajo a cada uno un bocadillo de maní y dos botellas de agua de cinco galones. No había traído suficiente agua ni comida para el viaje.

Se suponía que nuestro grupo incluiría a siete de mis amigos, Al, su esposa y yo. Sin embargo, uno de mis amigos no pudo venir y el integrante más joven de nuestro grupo, de dieciocho años, trajo consigo a Flavia, su novia de diecisiete. No me gustó eso. Al fin y al cabo, yo era quien pagaba la balsa y el vendedor no quería que las mujeres nos acompañaran. Por supuesto, a excepción de su esposa, un detalle que inicialmente no quiso comunicar.

Tal vez era mejor así. No quería exponer innecesariamente a la madre de mi hija a un viaje inseguro.

Al estaba enojado con la noticia de que Flavia vendría con nosotros. Sin embargo, los ojos suplicantes de Flavia lo hicieron cambiar de opinión.

Me preocupaba que solo tuviéramos pan, azúcar, miel y agua. ¿Cuánto tiempo duraría el viaje? ¿Estaba la balsa realmente preparada para enfrentarse al mar?

Al dijo que tenía un plan. Conocía bien el laberinto del río. Mucha gente se habría perdido entre los muchos afluentes y era fácil encontrarse en una sección sin salida. Sin embargo, Al se proclamó experto. Temía que me defraudara.

En la tarde del 24 de agosto, volvimos a tomar el autobús hacia las afueras del pueblo. Esta vez, cuando caminamos por los manglares, resultó más difícil debido a los galones de agua y a los suministros que llevábamos consigo. Y como el día anterior, los mosquitos fueron implacables.

Cuando empujamos la balsa hacia el río Sagua, no había nadie a nuestro alrededor. Comenzamos a remar, tres hombres a cada lado. A medida que avanzábamos, sentí un nudo en la garganta. Había puesto mi vida en manos de alguien que acababa de conocer. Tampoco yo sabía mucho de navegación. Cuanto más avanzábamos, más me cuestionaba a mí mismo.

Remamos toda la noche, tratando de no hablar demasiado para ahorrar las energías. Las mujeres no remaban, sino que hablaban de sus familias. La esposa de Al nos pidió que la llamáramos Lala, su apodo. Flavia, la joven de diecisiete años, menuda y de ojos grandes, hacía reír a Lala con sus ideas sobre la vida en los Estados Unidos.

Capítulo 10

—La vida de un inmigrante es dura —dijo Lala—. Prepárate para trabajar si quieres tener éxito.

Flavia hizo un gesto desdeñoso con la mano y arqueó las cejas.

—Conozco a gente que llegó hace dos años y tiene una casa.

—No es tan sencillo, pero ya lo verás. Y ¿dónde están tus padres?

—Mi Papá murió el año pasado y Mamá pensó que yo no tenía futuro en Cuba, así que me dejó ir.

—Lo siento por tu padre y eso es tan valiente por parte de tu madre —replicó Lala, mostrándose pensativa.

—Supongo que sí. ¿Tiene hijos?

—Dos. Se fueron a mediados de los ochenta, mucho antes de que la Unión Soviética fracasara y dejara de enviarle ayuda a Cuba.

—No sé a qué se refiere, pero sus hijos tienen suerte.

Se quedaron callados. Podíamos escuchar el sonido de los remos al salpicar el agua y el canto de los grillos proveniente de la ribera. La luna brillaba ahora sobre las aguas oscuras.

—Esto es muy romántico —dijo Flavia—. ¿Verdad mi amor? Tocó los gruesos bíceps de su novio mientras remaba.

—Me estás haciendo cosquillas en el brazo. ¡Para! Necesito concentrarme.

Se cruzó de brazos.

Capítulo 10

—Roly, no seas malo conmigo. No me digas que este lugar no te parece romántico.

—Está bien. ¡Es romántico!

Roly parecía frustrado.

—Y esa es exactamente la razón por la que estoy feliz de haber venido solo —respondió Armani.

Todos nos reímos.

Al cabo de un rato, la novedad de nuestro entorno debió de haberse desvanecido y Flavia se quedó dormida. Me alegré, ya que no necesitábamos distracciones.

Con los primeros toques del alba, después de remar toda la noche, los hombres ansiaban algo de comida. Nos comimos un desayuno ligero: pan con miel. Cinco horas después, comimos lo mismo para el almuerzo.

En la noche del 25 llegamos a Cayo Jutías, un pequeño cayo que compartía el mismo nombre que otro frente a la costa de Pinar del Río, pero mucho más pequeño.

—Pasaremos la noche aquí y descansaremos —dijo Al—. Continuaremos mañana.

Esa noche, Al puso a trabajar sus habilidades. Hicimos una fogata en la playa y comimos pescado y cangrejos. Flavia y Roly desaparecieron detrás de unos arbustos después de cenar y regresaron treinta minutos después, abrazándose y besándose. Al movió la cabeza de lado a lado y Armani se echó a reír.

—La juventud, divino tesoro. Qué bueno es ser joven y estar enamorada —dijo Lala.

Capítulo 10

En la mañana del 26, continuamos nuestro viaje hacia Cayo del Cristo.

—¿Conoces este lugar? —le pregunté a Al.

—No, pero lo vi en el mapa.

En el momento en que desembarcamos en la playa de Cayo del Cristo, nos dimos cuenta de que no estábamos solos. A lo lejos, había un largo muro blanco y, más allá, un edificio del mismo color. Cuatro hombres uniformados caminaban en nuestra dirección, tres portando rifles largos y uno una pistola enfundada. Los hombres con los fusiles eran más jóvenes que el cuarto. Este último era un hombre alto de cabello negro, unos diez años mayor que los otros tres. Momentos después, nos enteramos de que era un teniente.

Sentí un nudo en la garganta. ¿Y si nos llevaran a la cárcel? Escuché historias de terror de personas que habían estado en prisión. Hablaban del olor de las heces, orines y moho; de la oscuridad y de las prácticas abusivas. No quería terminar allí.

—¿Por qué están ustedes aquí? —preguntó el teniente—. Esta es una base militar, por lo tanto, es una zona restringida.

Lo miramos nerviosos.

—Esperábamos descansar aquí hasta mañana—dijo Al—. Como probablemente sabe, Fidel Castro está permitiendo que la gente se vaya.

—Lo sé muy bien —dijo, mirándonos con vacilación—. Miren, quédense aquí con mis hombres. Necesito hacer algunas llamadas telefónicas.

Capítulo 10

El teniente se alejó mientras los otros hombres comenzaron a hablar con nosotros. Nos dijeron que su asignación aquí era parte del servicio militar requerido. Uno de ellos era cienfueguero como yo.

Nos sentamos en la arena y esperamos mientras los tres hombres permanecían de pie, con los rifles apuntando al suelo. Se portaron bien con nosotros y hablamos de nuestras familias, de nuestros pueblos y del viaje que planeábamos hacer.

Empecé a familiarizarme con uno de los hombres más jóvenes, mientras Al hablaba con los otros dos. El joven se llamaba Iván. Era de Cienfuegos, como yo. Me habló de sus padres. Me di cuenta de que sabía exactamente dónde vivían.

—Sabes, me metí en tremendo problema ayer —dijo en un tono de voz bajo.

—¿Qué pasó?

—Se suponía que debía vigilar la costa, pero me quedé dormido. Prometí que no volvería a suceder. Ahora, me asignaron a protegerlo durante las próximas tres noches. Tremendo aburrimiento.

—Me lo imagino.

El teniente regresó veinte minutos después.

—Si planean ir a los Estados Unidos, está bien. Pero no pueden quedarse aquí. Mis hombres y yo somos responsables de vigilar la costa y no permitimos civiles en esta parte de la isla. Sin embargo, si van en esa dirección, encontrarán una playa donde podrán alojarse. Asegúrate de seguir la orilla a tu derecha hasta encontrar una playa de arena.

Su amabilidad me tomó por sorpresa.

—¿Le importa si volvemos a llenar nuestras botellas de agua? —preguntó Al—. Soy pescador. Mis hijos están en los Estados Unidos. Por eso me voy. La mayoría de nosotros tenemos parientes allí.

—Los dejaremos llenar sus botellas, pero luego tienes que irse.

—¿Qué podríamos comer mientras estamos aquí?

—¿Trajiste una línea para pescar? —preguntó el teniente.

Al parecía avergonzado. —No la traje.

—Te daremos una —dijo el teniente.

El teniente y sus hombres también nos enseñaron sobre un molusco que se encontraba en estas partes, llamado Cigua, común en las zonas costeras de Cuba. En su interior hay un trozo de carne delicioso.

—La cigua se consume tanto que está en peligro de extinción —observó el teniente.

Siguiendo las instrucciones del teniente, uno de los jóvenes soldados se acercó al edificio y regresó con una olla vieja en la que podíamos cocinar el cangrejo y la carne de cigua, y con un hilo de pescar enrollado alrededor de un trozo de madera. El hilo de pescar estaba atado a un pequeño anzuelo.

El teniente permitió que dos de nosotros acompañáramos a uno de sus soldados al

Capítulo 10

campamento para rellenar las botellas de agua de cinco galones. Luego empujamos la balsa de regreso al mar y comenzamos a navegar en la dirección indicada por el teniente.

Nuestros ojos se abrieron de par en par cuando llegamos. Era la playa más hermosa que habíamos visto, con arena blanca y aguas cristalinas de color verde azul. No había rocas en esta playa virgen. Más allá de la arena, se alzaba un denso bosque de pinos, manglares y vegetación típica costera.

—Necesitamos encender una fogata para mantener alejados a los mosquitos y cocinar —observó Al.

Al desapareció en el bosque con dos de los hombres mientras el resto de nosotros buscábamos un poco de cangrejo y cigua.

Nos dispersamos para aumentar nuestras probabilidades de encontrar comida.

—¡Encontré un cangrejo! —gritó Armani alegremente.

Poco a poco, recolectamos suficientes ciguas y cangrejos para preparar un pequeño festín.

El grupo de Al regresó con un gran montículo de termitas abandonado. Nunca había visto nada igual. Era de color marrón, de tres pies de altura, con una base ancha y una parte superior estrecha. Al nos contó que personas de todo el mundo usaban estos montículos como hornos. Cavan un hoyo en su base, lo llenan con hojas secas y hacen fuego. Hicimos exactamente eso.

Capítulo 10

Aquella noche, tuvimos una comida deliciosa, cantamos y hablamos. Al sugirió que construyéramos un campamento para protegernos de la naturaleza.

—No hay nada de malo en dormir bajo las estrellas —dijo Armani.

—¿Y si llueve? —preguntó Flavia.

—Deberíamos construir un campamento en caso de que llueva —repitió Al.

—Pero nos vamos mañana. ¿Qué es una noche durmiendo bajo las estrellas?

—¿Ves alguna estrella? —preguntó Flavia—. Veo nubes.

Ignorando la idea de Armani, Al, Julio y yo comenzamos a reunir los materiales que necesitábamos, principalmente madera seca, palos y hojas. Quitamos la lona que usábamos como velas en nuestra balsa y atamos cada uno de sus tres extremos a los palos que habíamos enterrado en la tierra. Debajo, creamos un lecho de hojas.

—Esto es perfecto —dijo Flavia cuando terminamos.

Armani durmió a la intemperie aquella noche. Eso fue hasta que comenzó a caer una lluvia ligera y luego se mudó a donde estaba el resto del grupo.

—Te dije que eso pasaría —dijo Flavia.

Armani viró los ojos hacia arriba.

Al día siguiente, Al y yo regresamos a la base y pedimos permiso para llenar las botellas antes de volver al mar. El teniente dejó su puesto y se dirigió hacia nosotros.

Capítulo 10

—No podrán irse hoy —dijo—. Se avecina una tormenta. Si se van, no van a llegar.

Le dimos las gracias y regresamos a nuestro campamento. Por suerte, teníamos varias horas para prepararnos para la larga noche.

Capítulo 11

Andrés Gómez

Cayo del Cristo, Cuba

Aunque pasar una tormenta en una pequeña isla era más seguro que estar en el mar, debíamos tomar precauciones.

—Saben que no podemos escondernos debajo de un árbol durante el mal tiempo —dijo Al.

—¿Por qué? —preguntó Armani, quitándose la camiseta blanca y metiéndola en su bolsa de tela carmelita.

—Si le cae un rayo, la carga eléctrica puede propagarse a través del tronco hasta la tierra. Podría electrocutar a cualquiera que se encuentre a su alrededor.

Julio se encogió de hombros.

—Y ¿qué debemos hacer?

—Durante una tormenta eléctrica, debemos permanecer en la tierra, pero alejados de los árboles.

—¡Hay árboles por todas partes! —respondió Julio.

Miramos a Al. Debe haberse dado cuenta de nuestra preocupación porque nos dijo:

—No se preocupen. Todo va a estar bien.

Capítulo 11

Sin embargo, el intento de Al de consolarnos no funcionó, al menos no conmigo. Había tantas cosas que podían salir mal. Temía que nos habíamos precipitado a este viaje prematuramente, sin planearlo y que no estuviéramos preparados para lo que se avecinaba.

Aquel día cenamos lo mismo que el día anterior: cigua y cangrejos. También encontramos una entrada de mar con un cardumen de peces. Cocinamos la pesca con una mezcla de agua dulce de una de las botellas y de agua de mar para darle un sabor salado. El marisco sabía delicioso. Mientras comía, pensaba en mi familia. Con tanta abundancia de peces en esta isla y la gente de mi pueblo pasando hambre.

Después de la cena, Flavia me pidió un poco de miel, pero Al dijo que necesitábamos guardarla para los días en el mar.

Treinta minutos después de la cena, nubes oscuras comenzaron a acumularse sobre nosotros y el viento empezó a soplar. Nos colocamos bajo la protección de la lona y poco después, la lluvia comenzó a caer en gruesas gotas. Estábamos sentados en un lecho de hojas y ramas escuchando los truenos, el susurro de las hojas y el aullido amenazador del viento. La lona hizo un trabajo mediocre protegiéndonos de la lluvia. De noche, la temperatura bajó rápidamente, por lo que nos mantuvimos unos cerca de otros para mantenernos calientes.

A medida que la lluvia caía, Armani hacia chistes y todos nos reíamos, pero cuando las

Capítulo 11

condiciones empeoraron, dejamos de hablar. Mi mente se desplazó entonces a mi cálida cama. Imaginé estar acurrucado con mi esposa. Casi podía escuchar la risa de mi hija cuando entraba en nuestra habitación todas las mañanas y saltaba sobre nuestro delgado colchón. Recordé la sonrisa de mi padre cuando nos sentábamos alrededor de la mesa para tomar un desayuno ligero y bebíamos una tacita de café de mal sabor. Los granos de café se mezclaban con otros para combatir la escasez. Improvisamos y nos adaptamos, pero nos estábamos quedando sin ideas. Ya extrañaba a mi familia y seguía recordándome a mí mismo que lo hacía por ellos.

El 29 de agosto, dos días después de llegar a Cayo del Cristo, Al y yo regresamos a la base a pie. Mientras rellenábamos las botellas de agua, el teniente salió a nuestro encuentro, acompañado de Iván, el hombre de mi pueblo.

—Tienen que irse ahora —dijo el teniente—. El mar está plano como un plato y el clima estará bueno. Si se quedan aquí más tiempo, es posible que no puedan irse.

—¿Por qué? —preguntó Al.

—Hay rumores de que Fidel no va a permitir que la gente siga saliendo de Cuba. Si eso sucediera, no podría dejarlos ir.

Al abrió los ojos de par en par.

—Nos iremos ahora mismo. Gracias por su ayuda.

—No hace falta que me lo agradezcas. Francamente, creo que están locos. Solo eso explicaría

Capítulo 11

por qué arriesgan sus vidas de esta manera. Pero les deseo suerte.

El teniente regresó a su puesto mientras Iván y otro soldado nos seguían hasta nuestro campamento. Nos observaban mientras nos preparábamos para regresar al mar, y a la vez, Iván seguía hablando conmigo.

—Creo que puedo ayudarte, ¿sabes? —dijo Iván.

—¿Cómo?

—Por la noche, como mencioné antes, tengo que vigilar la costa desde la torre de vigilancia iluminándola con el faro de la torre. Destellaré la luz cada tres horas a partir de las 9 p.m. Si veo que van en la dirección correcta, haré dos destellos rápidos consecutivos después del primero. Si me parece que no van bien, haré cuatro destellos rápidos.

Después de salir de la isla, Al me dijo que no necesitábamos la ayuda de Iván. La brújula nos guiaría. Sin embargo, pensé que necesitábamos toda la ayuda que pudiéramos encontrar.

Aquella noche, a las 9 p.m., vimos las luces brillantes de la torre. Esperamos. Siguieron dos destellos rápidos. Eso nos hizo felices. Una vez más, a medianoche, volvimos a ver la luz, más tenue que antes. Siguieron otros dos destellos rápidos.

Al amanecer, ya no podíamos ver la costa de Cuba, solo el mar abierto.

Capítulo 12

Andrés Gómez

En el mar

En la mañana del 30 de agosto, nos dimos cuenta de que no sabíamos dónde estábamos. Teníamos una brújula que nos indicaba en qué dirección íbamos, pero esa dirección no significaba nada en nuestra situación. A primera hora de la mañana, empezamos a ver barcos mercantes a lo lejos, pero como no había un punto de referencia en el mar, no sabíamos a qué distancia se encontraban.

Entre las 6 de la mañana y las 12 del día pasaron ocho embarcaciones mercantes. Agitábamos los brazos e intentábamos acercarnos, pero al final las perdimos en la distancia.

El noveno barco pasó a unas nueve millas náuticas de nosotros. Al menos, eso fue lo que concluyó Al. El barco parecía haberse detenido. Empezamos a hacerle señas.

—¡Nos vieron! Vienen en nuestra dirección—dijo Armani.

Nuestros ojos permanecieron fijos en la distancia. Después de un rato, sin embargo, la

Capítulo 12

decepción se reflejó en nuestras expresiones cuando vimos que el barco daba la vuelta y se iba.

No nos quedó más remedio que seguir remando. Sin embargo, pronto no tendríamos energía. La comida se había acabado. No pasaría mucho tiempo antes de que nos bebiéramos toda el agua. ¿Y luego qué? Todos sabíamos lo que iba a suceder.

Alrededor de las 2 p.m., noté un barco gris en la distancia. Sacudí la cabeza y me froté los ojos, pensando que estaba alucinando. Había escuchado que, después de cierto periodo en el mar, es posible ver cosas que no existen. Sin embargo, me di cuenta de que, aunque no fuese una alucinación, no nos verían. Éramos un punto insignificante en medio del mar.

—¿Estás bien? —me preguntó Julio al notar mi mirada fija en la distancia.

No quería que los demás se ilusionaran. Hice un gesto con la cabeza en dirección a la nave.

—¿Lo ves? —murmuré tratando de que los otros tripulantes no me escucharan.

Julio asintió.

En lugar de hacerse más pequeño, como los barcos comerciales anteriores, este aumentó de tamaño con el tiempo.

—¡Nos vieron! —gritó finalmente Julio, sin poder contenerse.

Todos comenzamos a agitar los brazos, pero el barco todavía estaba demasiado lejos para que pudiéramos ver a alguien a bordo.

Capítulo 12

A medida que se acercaba, nos dimos cuenta de que era un barco militar de los Estados Unidos. Las sonrisas les dieron color a nuestras pálidas expresiones. Aquel barco era más que la salvación; era la conexión entre nuestra realidad actual y nuestro sueño de ser libres. Mientras miraba hacia las aguas azules y brillantes a nuestro alrededor, me pregunté cuántos habrían muerto aquí en busca de ese sueño.

Nuestro rescate ocurrió a veinte millas de la costa de Cuba. Tanto remar no nos había llevado muy lejos.

Antes de abordar, Julio lanzó su remo al mar y enseguida se arrepintió. Aunque no nos permitían llevar nada a bordo, tal vez hubiésemos podido convencer a los funcionarios estadounidenses para que nos permitieran conservar un remo como evidencia de aquel viaje.

Fui el último en subir al barco. Al dejar atrás la balsa, pensé en mi hija y en mi familia. No sabían lo cerca que habíamos estado de la muerte, ya que si este barco no nos hubiese visto nuestras familias nunca habrían vuelto a saber de nosotros.

Era imprescindible no malgastar esta oportunidad que le vida me otorgaba.

Capítulo 13

Jorge Lago

En el mar

Salimos de Cuba el 19 de agosto de 1994. Ese día, el presidente de los Estados Unidos, Bill Clinton, anunció que a los refugiados de la isla no se les permitiría ingresar a los Estados Unidos. Si eran rescatados en el mar serían llevados a la Base Naval de los Estados Unidos en Guantánamo, Cuba, 'para explorar otros refugios seguros dentro de la región'.

Cuando me enteré del anuncio de Clinton, les dije a mis amigos:

—Tenemos que irnos esta misma noche. Esta podría ser nuestra última oportunidad de llegar a los Estados Unidos sin ser desviados a Guantánamo.

Salimos de La Habana con la esperanza de remar en tres días los 170 kilómetros que separaban la isla de la Florida. Con suerte, ni las autoridades cubanas ni los guardacostas nos interceptarían. Castro había dicho que no impediría que la gente se fuera, pero después de mi tiempo en la cárcel, no creía en sus promesas.

Capítulo 13

Nuestra capacidad de llegar a Cayo Hueso dependía de varios factores, entre ellos el clima. Habíamos leído que un grupo de kayakistas tardaba veintisiete horas en llegar a la Florida, siempre que no tomaran descansos en el camino. Dado que no planeábamos remar todo el tiempo, estimábamos que tres días sería suficiente para este viaje. Sin embargo, no anticipamos el mal tiempo que encontramos en el camino. Tampoco sabíamos la rapidez con que se pondría en marcha el mandato de Clinton.

Antes del anuncio, los Estados Unidos otorgaba asilo político a los refugiados cubanos que llegaran a sus costas. Clinton estaba tratando de evitar otro éxodo como el del Mariel, cuando más de 125.000 cubanos llegaron a Cayo Hueso en todo tipo de embarcaciones.

A través de su anuncio, Clinton eliminó la política de puertas abiertas vigente hasta entonces. De ese día en adelante, quienes salieran de Cuba ya no serían considerados refugiados que escapaban de un régimen represivo, sino inmigrantes en busca de oportunidades económicas. No podía negar que las condiciones económicas hicieron que muchos se fueran, pero para alguien como yo, era diferente. Quería vivir en un lugar donde no tuviera miedo de expresarme libremente sin que alguien me llevara a la cárcel.

Los balseros como nosotros podíamos enfrentar diferentes posibilidades. Después de navegar por aguas turbulentas e infestadas de tiburones, algunos afortunados llegarían a las costas de

Capítulo 13

los Estados Unidos, tocando tierra antes de ser detectados. Algunos se quedarían sin comida y agua en medio del océano y morirían en el mar. Los guardacostas de los Estados Unidos interceptarían a un tercer grupo.

Durante aquel tiempo, *Hermanos al Rescate*, una organización financiada por exiliados cubanos, monitoreaba el Estrecho de la Florida para ayudar a quienes se escapaban por el mar. Desde 1991, este grupo había comenzado a volar sobre el Estrecho de Florida para buscar balseros que necesitaran asistencia. Si detectaban una balsa, los *Hermanos al Rescate* les notificaban su ubicación a los guardacostas estadounidenses. En 1994, tras el discurso de Clinton, miles de balseros fueron interceptados por la Guardia Costera estadounidense y trasladados a la base de Guantánamo.

El 22 de agosto, después tres días en el mar, nuestro sueño de llegar a la Florida no se había materializado. Nos preguntábamos si estábamos perdidos, algo concebible tras la tormenta que habíamos enfrentado. Temíamos que, si no nos rescataban pronto, nos quedaríamos sin alimentos.

A primeras horas de la tarde, Tony no paraba de repetir: —Oigo un motor.

—Estás alucinando. No escucho nada —yo le respondía cada vez.

Nadie más en nuestra balsa podía escucharlo. Quince minutos después, Tony repitió:

—Escucho un motor. ¿Ustedes están sordos?

Capítulo 13

Ahora, nosotros también podíamos escucharlo. Miramos hacia el cielo. Tony tenía razón, había un avión volando sobre nosotros.

—¡Estiremos la sábana blanca para que nos vean! —grité.

A pesar de lo cansados que estábamos, nos pusimos en acción rápidamente. Los cinco estiramos la sábana desde los bordes de la balsa y la agitamos de arriba abajo repetidamente, con la esperanza de que el avión la viera. Momentos después, el avión hizo un círculo a nuestro alrededor.

—¡Nos vieron! —grité.

Al principio todos sonreímos, pero después de que el avión desapareciera, nos preguntamos si regresaría. Entonces la duda se apoderó de mí. ¿Podría el avión ser propiedad del gobierno cubano?

Treinta minutos más tarde, la respuesta a mi pregunta se revelaría. Una vez más, Tony fue el primero en escuchar un motor. Esta vez, no dudamos de él y nos mantuvimos alerta, mirando al cielo. Momentos después, vimos un avión volando a baja altura y acercándose a nuestra balsa.

—¡Son los americanos! —gritó Tony con emoción.

Una vez más, estiramos la sábana blanca. El avión volaba tan bajito que podíamos ver abierta una de sus puertas laterales. Alguien estaba sentado adentro con las piernas colgando fuera del avión.

De repente, el hombre que iba en el costado del avión arrojó un paquete al mar. Cuando el paquete tocó el agua, se infló hasta convertirse en una balsa naranja de diez pies de diámetro. Tenía un techo y, encima, una luz roja y amarilla. Luego, el hombre nos hizo algunas señas con la mano. Nos dimos cuenta de que estaba preguntando si alguien en la balsa estaba enfermo. Hicimos una señal para confirmar que todos estábamos bien. Momentos después, el avión volvió a sobrevolar el área a nuestro alrededor y arrojó otro paquete a la distancia.

—Debe de haber otra balsa como la nuestra cerca —concluí.

Se estaban llevando a cabo dos rescates marítimos simultáneamente.

Rápidamente, comenzamos a remar hacia la balsa más cercana.

—No vamos a dejar la nuestra atrás, ¿verdad? —preguntó Tony—. ¿Y si la otra se desinfla?

Tenía razón. No podíamos arriesgarnos. Remamos hasta que estuviéramos lo suficientemente cerca como para saltar a la otra balsa. Después de que Tony saltó, le tiramos una cuerda. La aseguró y examinó el contenido de la nueva balsa.

—¡Aquí hay varios suministros! —gritó—. ¡Loción para la piel, jugos, e incluso una botella de ron Johnny Walker!

—¡Ahora si se formó la fiesta! —gritó Héctor, saltando a la balsa—. Echamos nuestras pertenencias en la nueva balsa, incluyendo nuestra sombrilla y la cajita que contenía la paloma mensajera.

Capítulo 13

—¿Soltamos a la paloma ahora? —preguntó Tony.

—Todavía no —dije—. Estamos en medio de la nada.

El avión estadounidense desapareció y nos quedamos allí, esperando, hasta que el sol se ocultó en el horizonte. Después de bebernos el jugo y el ron, nos sentimos más relajados.

—¿Crees que regresarán? —preguntó Tony.

—Por supuesto que sí —respondí, aparentemente seguro de mí mismo, aunque por dentro me preguntaba cuánto tiempo tardarían en regresar. El ron no fue suficiente para emborracharnos, pero nos hizo sentir más esperanzados.

Mientras flotábamos allí, en medio del mar, contemplando el principio del anochecer, mis amigos comenzaron a hablar de sus planes. Yo no formé parte de la conversación, sino que pensaba en mi hermano. ¿Podría estar en la otra balsa que estaba siendo rescatada? Se había ido varias horas después que nosotros, pero tal vez su balsa tenía motor. No sabía. Ambos estábamos demasiado ocupados trabajando en nuestros propios planes de escape y no compartimos ningún detalle.

Me imaginé a mi abuela rezándole a la virgen. Si supiera que estábamos a solo horas de quedarnos sin comida cuando el avión nos vio.

El tiempo transcurrió lentamente después de que el segundo avión desapareciera. Por suerte, el mar estaba tranquilo, pero a medida que una hora se convirtió en dos, comenzamos a inquietarnos.

Poco después de las ocho, vimos luces a lo lejos.

—¿Será un barco estadounidense? —preguntó Tony.

Ninguno de nosotros lo sabía con certeza, pero nuestros ojos permanecían fijos en el horizonte.

—¿Se está acercando? —preguntó Tony.

—Creo que sí —respondí.

Esperamos. No era fácil calcular las distancias en el mar.

—¡Es un barco de los Estados Unidos! —gritó Tony victorioso después de un rato.

Nuestras expresiones se iluminaron. Por fin, nos estaban rescatando.

Cuando el barco estaba al lado de la balsa, un oficial nos arrojó una escalera y ordenó:

—Dejen todas sus pertenencias en la balsa y suban uno por uno.

Tony fue el primero en subir.

—¡No te olvides de la paloma! —gritó.

Abrí la caja rápidamente, pero la paloma no estaba en condiciones de volar. Sus plumas se habían pegado entre sí por la falta de espacio para asearse durante tanto tiempo, así que usé mi saliva para separarlas, y la acaricié, tratando de que se relajara.

—¡Date prisa y suelta a la paloma! — Tony volvió a gritar.

Capítulo 13

—¡Recuerde! No puede traer nada a bordo— recalcó el oficial en español mientras yo subía la escalera con la caja presionada contra mi cuerpo.

—¡Suelta a la paloma! —volvió a gritar Tony.

Mis otros amigos hicieron eco de sus palabras.

Se me estaba acabando el tiempo. Me detuve por un momento, mientras escuchaba las voces de mis amigos y del oficial. No tenía otra opción. Así que solté al ave. Voló hacia la nave y aterrizó en ella. Los oficiales del barco comenzaron a perseguirla.

—¡Agarra ese pájaro y sácalo de aquí! —gritó alguien.

—¡Apúrate!

Algunos de los balseros cubanos instaron a la paloma a volar. Se desató el caos: los oficiales intentaban atrapar a la paloma y los balseros, ayudarla a escapar. Después de una larga persecución, la paloma debe haber reunido las fuerzas necesarias. Entonces voló al cielo y desapareció.

Terminé de subir al barco mientras todos buscábamos a la paloma en las alturas. Esperaba que pudiera llegar a casa sana y salva. La alimenté y le di líquidos durante el viaje de tres días para que se mantuviera saludable, pero yo no sabía nada de las palomas mensajeras. ¿Cómo sabría a dónde ir? ¿Tendría la fuerza para volar todo el camino de regreso a su dueño?

No sabría las respuestas a estas preguntas hasta días después.

Capítulo 14

Jorge Lago

De vuelta a casa

Después de nuestro rescate, el barco continuó navegando a lo largo de la costa de Cuba, rescatando a otros balseros. Tardamos una semana en llegar a la base de Guantánamo. Cuando lo logramos, había más de 3.000 balseros a bordo. Mientras tanto, mis padres esperaban ansiosamente noticias. Yo también me preguntaba qué le había pasado a mi hermano. Me confortaba saber que barcos de distintos tamaños estaban recogiendo balseros a lo largo de la costa de Cuba. ¿Habría sido recogido por otro barco de la zona?

Roel había tardado más de lo que yo esperaba en salir de Cuba. Pero las cosas no le saldrían bien.

No me enteré de lo sucedido hasta un par de semanas después. Durante esos días sin noticias suyas, no dejaba de pensar en su sonrisa cuando jugábamos a la pelota. Tenía una risa contagiosa. A pesar de lo serio que yo era, siempre se las arreglaba para hacerme reír. Me lo imaginaba despidiéndose de mis padres, de mi abuela y de

Capítulo 14

mi hermana. Como alguien que no ocultaba sus emociones, probablemente lloró al despedirse. Era muy diferente a mí. Yo guardaba celosamente mis sentimientos, excepto cuando estaba con mi abuela. Algo en la forma en que me miraba me permitía actuar como una persona distinta ante ella. Su mirada cariñosa me desarmaba de mi escudo.

Los años que viví en la casa de mi abuela, mientras asistía a la Universidad de La Habana, nos permitieron acercarnos mucho, más de lo que nunca había estado con mis padres. Por supuesto, ellos siempre estaban ocupados. No tenían otra opción que trabajar para conseguir las escasas raciones que podíamos comprar.

Cuando estaba con mis padres, yo era un hombre de ciencia introspectivo, un hombre que podía perderse fácilmente en los libros, incluso, cuando el mundo se desmoronaba a mi alrededor.

El martes 24 de septiembre de 1994, mamá estaba demasiado nerviosa para ir a trabajar. Habían pasado cinco días desde mi partida y todavía no había noticias. Alrededor de las tres de esa tarde soleada, Rogelio, el dueño de la paloma mensajera, llegó inesperadamente y no fue el único. Un grupo de vecinos lo acompañaba.

—¿Qué pasó? —preguntó mi madre, temiendo lo peor—. ¿Sabes algo de Jorgito?

—Martica, relájate; ¡Nuestros muchachos lo lograron! ¡Están a salvo!

Capítulo 14

A mi madre le temblaban las piernas cuando se llevó la mano al pecho. Tenía sombras oscuras bajo los ojos, en las largas noches, sin poder conciliar el sueño y mirando al techo de su habitación.

—¿Estás seguro? —le preguntó.

—La paloma que les di a los muchachos tenía manchitas en las patas. Regresó, Martica. ¡Los muchachos llegaron!

Mi madre estaba inconsolable por la emoción. Más tarde me diría que nunca había llorado tanto como aquel día.

A medida que la noticia se extendió por todo el pueblo, su casa se llenó de más vecinos. Ellos difundieron la noticia por toda La Habana. Al poco tiempo, padres desesperados de obtener noticias de sus hijos vinieron a visitarla desde diferentes partes de la ciudad. Querían que mi madre confirmara que estábamos a salvo.

El regreso de la paloma mensajera se convirtió en un faro de esperanza en mi pueblo y en otros barrios de La Habana. Desafortunadamente, no todos los padres que vinieron a ver a mi madre aquel día serían tan afortunados como ella.

La esperanza tiene una cualidad peligrosa. Puede hacernos más fuertes y, a la vez, destruirnos con la misma facilidad cuando se pierde.

Capítulo 15

Roel Lago

Frente a las costas de Cuba

Me fui de Cuba un par de días después de mi hermano Jorge, pero mis amigos y yo no llegaríamos muy lejos. Estábamos a pocos kilómetros de la costa habanera cuando nos dimos cuenta de que algunos de los lazos que mantenían unida la balsa se estaban deshaciendo. Un sentimiento ominoso se apoderó de mi cuando miré a mis amigos.

—No lo vamos a lograr.

Mi voz estaba tan calmada como el mar, por lo que mis amigos se deben haber dado cuenta de que no estaba exagerando. La balsa no podría soportar las agitadas aguas del Estrecho de la Florida.

Mi amigo Aldo levantó los brazos por encima de la cabeza.

—Ay, Dios mío. No quiero ir a la cárcel. ¿Y si los guardacostas nos atrapan en el camino?

Otros tres de mis amigos hicieron eco de sus palabras, pero no teníamos otra opción. Comenzamos a remar de regreso hacia la costa. Yo también temía que nos capturaran. Habíamos escuchado que Castro no planeaba impedir que nadie se fuera, pero ¿qué pasaría si regresábamos? Además, no podíamos creer en nada de lo que decía.

Mi hermano Jorge había compartido sus experiencias de su tiempo en la cárcel y yo sabía que no quería terminar allí. Cuanto más nos acercábamos a la costa, más temerosos se volvían mis amigos.

Antes de lanzarse al agua y nadar hacia la costa, mi amigo Sandalio dijo: —No puedo arriesgarme.

Dos de mis amigos siguieron su ejemplo, dejándonos solos a Aldo y a mí.

—Cobardes —dijo Aldo.

—No los culpo, pero tenemos un problema. Necesitamos traer esta balsa a tierra firme y no podemos hacerlo solos. Necesitamos ayuda.

—¿Qué vamos a hacer?

No sabía qué decir, pero necesitaba pensar en una solución rápidamente, ya que se nos estaba acabando el tiempo. Mientras tanto, seguíamos vigilando a los guardacostas. Hasta ahora, nada. La luna iluminaba el cielo nocturno. Con un poco de suerte, llegaríamos a la costa sin ser detectados.

Seguimos remando mientras mi mente permanecía ocupada, pensando en un plan y esperando no ser capturado. Por fin, se me ocurrió una idea. Cuando estuvimos lo suficientemente cerca

de la costa, nos bajamos de la balsa y la empujamos hacia los manglares.

—Aldo, necesito que te quedes aquí y prote-
jas la balsa. Creo que aquí estarás seguro. También tienes comida y agua para beber. No tardaré
mucho.

—¿Qué vas a hacer?

—Le pediré prestada una bicicleta a uno de
los amigos de mi padre que vive cerca y iré a buscar a mi hermana. Tiene muchos amigos en el
pueblo. Los pocos amigos que tenía saltaron de la
balsa, así que no puedo contar con ellos.

Aldo se echó a reír y yo empecé a caminar
por los manglares. Cuarenta y cinco minutos después, llegué a mi casa.

Capítulo 16

Andrés Gómez

Guantánamo

Cuando abordamos el barco norteamericano, fuimos recibidos con aplausos de otros balseros. El barco ya transportaba más de ochocientos que habían sido rescatados en la costa norte de Cuba y ahora iba camino hacia la base de Guantánamo.

—¿A qué distancia estamos de Cuba? —le pregunté a un joven oficial que hablaba español.

—A veintidós millas de la costa —respondió.

Mis amigos y yo nos miramos como si nos diéramos cuenta de lo afortunados que fuimos. Si este barco no nos hubiera rescatado, hubiéramos muerto en el mar. Pero yo seguía preguntándome, ¿y ahora qué? ¿Qué pasaría después de que llegáramos a Guantánamo? ¿Había alguna posibilidad de que los estadounidenses nos devolvieran al gobierno cubano? Como parte del primer grupo de cubanos asignados a la base de Guantánamo, navegábamos por territorio desconocido.

Antes de que el barco partiera, escuchamos unos disparos y giramos la cabeza en la dirección del sonido. Notamos que un oficial le estaba disparando a nuestra balsa. En silencio, observamos cómo se hundía en el mar.

—¿Por qué lo hizo? —le pregunté al oficial que hablaba español.

—Si la balsa regresa a la costa sus familias podrían pensar que murieron en el mar.

Su respuesta tenía sentido. Pero me pregunté si esa era la única razón por la que tomaron esta medida. Tal vez los estadounidenses estaban tratando de salvar más vidas. Si nuestra balsa hubiera regresado a la orilla, otro grupo habría intentado lo que hicimos y tal vez no habría tenido tanta suerte.

Luego de abordar, los oficiales nos proporcionaron pantalones cortos, chancletas y un pulóver blanco. La felicidad y el alivio dibujaron sonrisas en nuestros rostros cansados. Después de días en el mar, me sentí como nuevo al asearme y ponerme ropa limpia.

***

El barco estadounidense nos rescató a las 3 p.m. del 30 de agosto. Dos horas después, tuvimos la primera comida caliente en días: arroz, frijoles y salchichas. Para desayunar a la mañana siguiente, comimos un trozo redondo de pan que venía dentro de una bolsa de plástico y una caja de leche. Para el almuerzo, disfrutamos de la misma comida que el día anterior y de un cóctel de frutas. Estaba agradecido por la comida, pero no esperaba limosnas de los estadounidenses.

Capítulo 16

Quería trabajar y vivir una vida normal, sin tener que hacer colas durante horas para comprar raciones escasas. Quería vivir en un lugar donde pudiera decir lo que pensaba sin miedo.

Mientras comía, pensé en mi familia. La culpabilidad me inundaba como el agua que hundió nuestra balsa en el mar. Culpabilidad y rabia.

Llegamos a Guantánamo el 31 de agosto a las 6:30 p.m. Antes de montarnos en los autobuses que nos llevarían a la base, un oficial nos pidió que nos quitáramos los pulóveres para determinar si teníamos tatuajes. Mis amigos y yo no teníamos ninguno. No veía sentido de marcar mi cuerpo, aunque entendía por qué algunas personas lo hacían, los aspectos psicológicos de ello. Era su forma de comunicarle al gobierno que tenían el control de sus cuerpos, su única forma de autoexpresión.

Más tarde, a la entrada del campamento, los oficiales nos dieron nuestra cena en una cajita: la misma selección que en las comidas anteriores, pero no nos quejamos.

Los oficiales asignaron entre dieciséis y dieciocho refugiados a cada tienda de campaña. Debajo de cada una de las áreas cubiertas de lona verde, los refugiados eligieron su catre de estilo militar. Los catres descansaban sobre la tierra roja. Aunque no había electricidad en cada una de las tiendas, luces alimentadas por generadores eléctricos iluminaban el área general. Nos aseamos en los lavabos de los baños portátiles repartidos por todo el campamento.

Capítulo 16

Los oficiales nos pidieron que seleccionáramos a un representante en nuestra tienda de campaña. Elegimos a Julio porque era muy convincente, aun cuando mentía. Aquella capacidad de mirarte a los ojos y decirte lo que sabía que querías escuchar le permitió acostarse con muchas mujeres del pueblo. Eso y su apariencia. Su piel de color chocolate claro y sus ojos verdes volvían locas a las mujeres y hacían que los hombres confiaran en él. En esta ocasión, Julio no necesitaba mentir.

A la mañana siguiente, durante el desayuno, los oficiales se reunieron con Julio. Este regresó de la reunión unos treinta minutos después con pan, leche y dulces para todos nosotros. Nunca habíamos visto tanta comida a la vez.

—Entonces, ¿cuándo se nos permitirá ir a los Estados Unidos? —preguntó Armani.

—No nos lo permiten.

Al se encogió de hombros.

—Bueno, si nos van a dar de comer así todos los días, que nos entierren en Guantánamo.

Era fácil para él decirlo, pero ese no era el resultado que yo deseaba. Necesitaba encontrar una manera de salir de Guantánamo y entrar a los Estados Unidos. Mientras permanecía allí, resultaba inútil para mi familia.

Aquel día llegaron más provisiones. Cada bolsa incluía chancletas, pulóveres, pantalones cortos, artículos personales, desodorante, jabón, champú, una maquinilla de afeitar, crema de afeitar, un cepillo, pasta de dientes, toallas, sábanas para la cama y una almohada.

Pasamos los siguientes días sin hacer nada. Para combatir el aburrimiento, caminábamos alrededor del campamento hasta la cerca de alambre de púas. Desde allí notamos que había unas cincuenta tiendas de campaña en nuestra zona.

Tres días después de nuestra llegada, los funcionarios convocaron a los líderes de cada tienda. Julio regresó de la reunión poco después.

—Existe la posibilidad de salir por Panamá —dijo.

Pensé que ir a Panamá podría ser una forma más rápida de ingresar a los Estados Unidos, pero no estaba seguro. Nuestro grupo se inscribió de inmediato para ir a Panamá, al igual que otra pareja de nuestra carpa. Llevaban catorce días en Guantánamo.

Durante mis días restantes en Guantánamo, conocí a un balsero de La Habana quien tenía una historia única. Se llamaba Jorge Lago. A diferencia de mí, él no tenía esposa ni hijo. Había decidido poner su vida en pausa hasta llegar a los Estados Unidos. Su decisión tenía sentido para mí, pero a veces, el corazón era más fuerte que el sentido común.

Jorge me habló de la paloma mensajera que él y sus amigos habían traído consigo en una balsa. La liberó antes de embarcar en el barco estadounidense. Me pregunté si la paloma habría llegado sana y salva.

Capítulo 16

Cuando se presentó la oportunidad de ir a Panamá, Jorge no quiso irse.

—¿No crees que sería mejor que fueras a Panamá? Al menos estarás fuera de Cuba—le dije.

—Pero estaré más lejos de los Estados Unidos. Tengo familia allí. No quiero estar en ningún otro lugar, ya que no arriesgué mi vida para terminar en Panamá.

Jorge era unos años mayor que yo. Entendía su punto de vista, pero mi corazón dictaba que Panamá era el lugar al que debía ir. Tenía que seguir mis instintos. Una vez más, mi corazón, no mi mente, estaba tomando el control de mi vida.

Jorge y yo intercambiamos historias sobre nuestro pasado. Encontramos puntos en común en nuestro amor por los deportes y la música rock.

A medida que se acercaba el día del viaje a Panamá, me preguntaba cuál de nosotros llegaría primero a los Estados Unidos. Tardaría unos meses en obtener esa repuesta.

Capítulo 17

Andrés Gómez

Guantánamo

Después de llegar a Guantánamo, me pregunté cómo mi familia se enteraría de lo que me sucedió. No había forma de enviar una carta a casa, al menos al principio. Llamar tampoco era una opción.

Más allá de la cerca de alambre de púas, había un área con mesas que solo era accesible durante el día, un buen lugar para reflexionar sobre nuestra situación, alejados de las tiendas de campaña.

Un día me senté allí con una hoja de papel y un bolígrafo que me había dado uno de los oficiales. Quería escribirle algo a mi hija que mi esposa pudiera leerle. Tal vez algunos de mis dibujos la ayudarían a acercarse un poco más a mí.

Aquella tarde nublada, cuando estaba a punto de escribir mi carta, vi a una joven llorando. Sostenía un pedazo de papel doblado en la mano. Traté de concentrarme y ocuparme de mis asuntos, pero sus sollozos me distraían. Dejé lo que estaba haciendo y me acerqué a ella.

—¿Se siente bien?

Capítulo 17

Fue una reacción impulsiva, derivada de mi curiosidad y de mi deseo de ayudar a alguien que lo necesitaba. Si hubiera sabido lo que sucedería después, nunca le habría hecho ninguna pregunta. Nadie podía ayudar a aquella mujer.

Hizo un gesto negativo con la cabeza. Entonces, nuestras miradas se encontraron. Sus ojos oscuros estaban enrojecidos e hinchados, y su cabello negro, recogido en un moño desordenado. Parecía que no había dormido en días y luego aquella tristeza. Era como si hubiese vivido en el mismo infierno. Nunca olvidaré aquellos ojos ni el vacío que emanaba de ellos.

Cuando habló, hubo una sensación de resignación en su voz.

—Nunca volveré a estar bien.

No supe qué decir. Debería haberla dejado a solas con sus sentimientos. Ahora, era demasiado tarde. Sus palabras suscitaron más preguntas de mi parte.

—¿Dejó a su familia en Cuba?

Era una pregunta estúpida. Todos habíamos dejado a alguien. Todos habíamos dejado atrás parte de nuestros corazones.

Parecía entumecida mientras respondía.

—Mis padres y mis tíos se quedaron. Pero me llevé mi hijito conmigo cuando me fui.

Sus ojos se enfocaron en la distancia antes de continuar.

—¿En qué estaba mi hermana pensando? Debería haber dejado a su bebé con mi madre.

Capítulo 17

Tenía miedo de hacer más preguntas. No quería que reviviera la situación que la había hecho tan infeliz. Así que me quedé allí por un momento e inhalé profundamente. Justo cuando estaba a punto de irme, me entregó el papel doblado.

—Esto es lo que sucedió —me dijo—. No sé cuándo llegará esta carta a mi madre, pero necesitaba escribirla para sacar este peso de mi pecho. Esperaba que me ayudara si escribía sobre ello. Pero no fue así.

Exhaló.

—¿Quiere que la lea? —pregunté.

Ella asintió con la cabeza. Sentí un nudo en la garganta mientras desdoblaba el papel. Pensé que lo que estaba a punto de leer siempre se quedaría conmigo. Leí con mis ojos, notando las manchas de tinta azul en algunas partes de la carta, como si hubiera derramado lágrimas sobre las letras.

Querida mami,

No sé de dónde saqué las fuerzas para escribirte esta carta. Me tiemblan las manos y sigo reviviendo cada momento de los últimos días como si los hubiera visto en una película. Desearía que todo lo que he presenciado fuera parte de una pesadilla, pero no es así. La gran noticia de mi rescate y el de mi hijito palidece al pensar en lo sucedido.

Habíamos estado en el mar durante tres días y dos noches y no quedaba comida. La debilidad nos consumía y tal vez eso explique lo que te voy a contar.

Mami, por favor, siéntate antes de leer la otra parte de esta carta. Bébete un vaso de agua, porque no hay manera fácil de explicar lo que sucedió.

Cuando el barco de los Estados Unidos vino a recogernos, tras que el avión de 'Hermanos al Rescate' se comunicara con ellos, un oficial nos pidió que sacáramos a los niños primero. Levanté a mi hijo por encima de mi cabeza para entregárselo al oficial. Mi hermana más tarde hizo lo mismo. Había un espacio entre el barco y la balsa y cuando ella fue a entregarle su bebita, mi hermana estaba tan cansada y hambrienta que la niña se le resbaló de las manos y cayó al mar. Los tiburones nos rondaban, así que mejor no te cuente lo que le pasó a la niña.

Ay, Mami, revivo aquellos momentos día y noche. Al perder a su hijita, mi hermana me miró como si el alma ya hubiera abandonado su cuerpo. Y luego, sin decir una palabra, se arrojó al mar.

No tengo que explicarte lo que le sucedió a su cuerpo. Tiemblo al pensarlo.

El único consuelo que me queda es que mi hermana y su niña ya no sufren. Ya no pasan hambre ni viven de las migajas de nadie. Por fin, Mami, son libres.

Capítulo 17

He conocido a personas religiosas en este campo, en la base estadounidense de Guantánamo, que creen en Dios y en el cielo. Después de esta experiencia es difícil creer en nada, pero espero que mi hermana y su niña estén al lado de Dios.

Mami, como madre, entiendo cómo debes sentirte, pero necesito que sigas viviendo para mi hijo y para mí. Te necesitamos tanto.

Y si algún día puedo llegar a los Estados Unidos para disfrutar de esa libertad que tanto hemos anhelado, te prometo que viviré el resto de mis días haciendo todo lo posible para que tú y papá salgan de ese infierno y para que las muertes de mi hermana y de su preciosa bebita no sean en vano.

Cuídate mucho, Mami y cuida de Papá. Tal vez deberías ocultarle algunos de estos detalles. No sé si su corazón resistiría.

Te envío un fuerte abrazo y miles de besos. Mientras tanto, me aferro a la esperanza de que algún día podré besar aquella tierra libre por la que tantos han muerto.

Con mucho amor y con el corazón destrozado, tu hija que te ama, Mayda.

Sentí como si me hubieran quitado el aire.

—Lo siento mucho —dije—. Solo puedo imaginar lo que se siente.

Capítulo 17

—¿Tienes hijos? —preguntó.

Tenía miedo de responder. Asentí con la cabeza.

—Una hija.

—¿La dejaste atrás?

Una vez más, asentí.

—Hizo lo correcto. Traer a nuestros hijos fue una estupidez. Mi hermana pensó que podía mantener a salvo a su hija. Si tan solo se hubiera aferrado a su bebita un poco más.

Pensé en mi hija. Aunque se me rompía el corazón por esta joven, me alegré de que mi hija estuviera con mis padres y mi esposa. No sabía qué haría si le pasara algo. Pero rápidamente eliminé esos pensamientos negativos de mi mente. Miré a la mujer. ¿Habría manera de recuperarse de aquellas terribles experiencias?

Me preguntó si tenía una foto de mi hija. Tenía una que los oficiales me permitieron llevar junto con mis documentos de identificación, los únicos artículos que llevé conmigo cuando dejamos atrás la balsa.

Le mostré la foto de cuando mi hija cumplió tres años. Llevaba un vestido muy bonito que mi madre le había hecho. Yo estaba a su lado frente a su cake de cumpleaños. Habíamos comprado los ingredientes en el mercado negro y le pedimos a una vecina que lo hiciera. Los tiempos felices se concentraban en esta imagen. Momentos inolvidables.

Se metió la mano en el bolsillo del pantalón y me entregó un sobre. En ella había una foto.

—Era ella con mi hermana—dijo. Examiné la foto de una niña con ojos grandes y oscuros, como los de su madre, y cabello ondulado. Una joven la sostenía en sus brazos.

—Tu sobrina era hermosa —dije.

—Tu hija también es encantadora.

Me quedé allí un tiempo. Me habló de su familia, que vivía en el barrio habanero de Santos Suárez, cerca del parque. Nunca había estado allí, pero la escuché.

—A mi sobrina le encantaba ese parque. Nos sentábamos debajo de un árbol de framboyán y veíamos pasar a otras familias. A mi sobrina le encantaban las flores naranjas y los perritos que corrían por el parque. Pero, sobre todo, le gustaban los ancianos que se sentaban allí. Siempre estaban felices de ver a mi sobrina y a mi bebé. Muchos habían perdido a sus familias en el exilio y nuestros hijos iluminaban un poco sus vidas.

Recordar aquello la hizo sonreír, aunque fuera por un momento.

—¿Dónde está su hijo? —pregunté.

—Está en la tienda de campaña durmiendo. Un amigo lo está observando.

Capítulo 17

Me preguntó por mí. Le conté sobre la cirugía de mi padre y su vida de dolor, sobre nuestros viajes en bicicleta a la costanera de Punta Gorda para ver a los pescadores parados sobre las rocas. Le expliqué que aquellos viajes me ayudaron a lidiar con mis ataques de asma frecuentes.

—Punta Gorda suena como un lugar agradable—dijo.

—Lo es.

Me quedé con ella un rato hasta que nos quedamos sin cosas que decir.

—Lamento mucho tus pérdidas —dije antes de irme.

Me dio las gracias y me fui a otra mesa para escribirle una carta a mi hija. También le escribía a mi padre al otro lado de la página. No sabía cuánto tiempo me llevaría hacérsela llegar, pero quería contarle mis experiencias mientras estuvieran frescas en mi mente. Nunca me interesó escribir, pero ahora sentía que lo necesitaba.

Mientras me sentaba a ordenar mis pensamientos, no dejaba de pensar en la carta de la joven.

¿Se lograría recuperar alguna vez?

Capítulo 18

Jorge Lago

Guantánamo

Había pasado más de una semana desde nuestra llegada a Guantánamo y todavía no tenía noticias de mi hermano Roel. Las pesadillas me despertaban a menudo; lo veía ahogándose, sin poder hacer nada para salvarlo. Si nos hubiéramos ido juntos, habría podido protegerlo.

Estaba constantemente ansioso pensando en nuestra infancia. Éramos muy diferentes. Yo vivía en mi mundo de ciencias y plantas, mientras que a él le gustaba jugar a la pelota y no le interesaba leer. Al entrar en una habitación, la iluminaba con mi presencia, aunque a veces me sentía invisible. Mi hermano menor era la alegría de nuestra familia. Le pudo dar a nuestros padres todos los abrazos y el amor que yo hubiese deseado darles.

Cada vez que Tony me veía sentado en el catre, mirando al suelo, trataba de distraerme.

—Anímate—decía—. Estoy seguro de que tu hermano está bien.

—Han pasado más de siete días y nada.

—¿Y cómo crees que me siento al estar lejos de mi hija? Le echo mucho de menos.

—Pero es diferente. Sabes que está en tu casa, bien cuidada, mientras que yo no tengo la menor idea de dónde está mi hermano.

—Tampoco sé nada de mi hija, si está comiendo o si está enferma. Era una lucha encontrar comida para ella, ya que solo tiene cuatro años y un estómago sensible.

Respiré hondo.

—No quise minimizar tu situación. Lo siento.

—No te preocupes. Estoy tratando de mostrarte que todo el mundo tiene problemas. No hay necesidad de sacar conclusiones precipitadas. Sé que estás preocupado por tu hermano, pero hay tanta gente aquí que es imposible saber si ha llegado.

Tony se sentó en el catre frente al mío.

—He hablado con las personas a cargo del campamento y les he dado su información. Saben que lo estoy buscando.

—Dales tiempo. Mi esposa siempre decía que los pensamientos negativos atraían cosas negativas. Mantente positivo y todo estará bien.

Sabía que Tony tenía razón, pero deseaba compartir su optimismo.

Nueve días después de llegar al campamento, apenas podía dormir y las pesadillas seguían. Me despertaba sudando, con el corazón latiendo con fuerza. Aquella mañana soleada apenas toqué el desayuno, ya que las preocupaciones me quitaron el apetito. Mi hermano y yo nos habíamos ido en balsas diferentes porque sabíamos los riesgos y no queríamos que nuestros padres perdieran a sus dos hijos. Sin embargo, nunca imaginé que sería yo quien sobreviviría.

Podía ver la preocupación en los ojos de Tony, quien ahora empezaba a creerme. Mi hermano Roel se fue un día después que yo, tal vez dos. No estaba seguro. No habría podido sobrevivir tantos días en el mar. Tenía que acostumbrarme a la idea de que nunca volvería a verlo.

Andrés Gómez, un balsero amigo que se iba a Panamá, vino a visitarme para preguntar por mi hermano.

—Todavía no tengo noticias —le dije.

—Voy a rezar por él —respondió.

Andrés provenía de una familia religiosa y sabía rezar. Tal vez sus oraciones ayudarían, aunque como hombre de ciencias, a veces lo dudaba. Si solo pudiera comunicarme con mis padres o mi abuela en Cuba para saber si habían tenido noticias de mi hermano, pero todavía no teníamos forma de enviar o recibir cartas, ni de hacer llamadas.

El 12 de septiembre de 1994, dos días antes de que Andrés y miles de balseros partieran hacia Panamá, me llegó un rayito de esperanza.

Primero, escuché mi nombre a través de los altavoces. Un oficial me pedía que lo esperara fuera de mi tienda de campaña, ya que tenía una carta para mí.

Capítulo 18

Sentí un nudo en la garganta al pensar en el contenido de aquella carta. Tenía miedo leerla y confirmar mis temores. Cuanto más esperaba, más gente se congregaba fuera de mi tienda de campaña, incluidos Andrés y Tony. Se me humedecieron las manos. ¿Qué se suponía que hiciera? ¿Derrumbarme frente a toda esta gente?

Por fin, el oficial uniformado caminó en mi dirección con un sobre en la mano, mientras la gente le abría paso. Podía sentir la tensión y la anticipación que emanaba de la multitud.

—¿Quién es Jorge Lago?

Levanté la mano. Todas las miradas se centraron en mí cuando el oficial me entregó la carta. La sostuve en mis manos y esperé a que la gente se dispersara, pero después de que el oficial se alejara, todos se quedaron allí, mirándome.

—¡Lee la carta! —gritó alguien.

Tragué en seco. Ahora todo estaba claro. Yo era la primera persona en el campamento en recibir una carta y nadie más había podido comunicarse con sus familiares. Mi carta era más que una simple carta.

Asentí con la cabeza. Primero me fijé en el remitente; provenía de Miami, Florida, pero no reconocí el nombre. La desdoblé y miré hacia la multitud con nerviosismo.

—¡Vamos! ¡Léela! —gritó alguien.

Leí en voz alta.

Querido Jorge,

Capítulo 18

Soy tu prima Eva. Tu mamá me pidió que te enviara esta carta porque sabía lo desesperado que estarías.

Espero que estés bien. Toda tu familia en Cuba está bien: tu abuela, tu hermana y tus padres. Tu hermano regresó a Cuba cuando se le rompió la balsa. La arregló y regresó al mar. Tus padres creen que él y sus amigos fueron rescatados y trasladados a Guantánamo. No me preguntes cómo lo saben. Por favor, búscalo. Guarda mi dirección y escríbeme cuando lo encuentres.

Quizás te preguntes cómo pude comunicarme contigo. Había oído en las noticias que los balseros habían sido trasladados a Guantánamo. Hablé con varias personas que conocía y me conectaron con un par de políticos. Finalmente, me dieron la dirección de la base. Sé que no me conoces, pero si tú y tu hermano pueden salir de Guantánamo, sepan que pueden contar conmigo cuando lleguen a los Estados Unidos. Escribo mi número de teléfono al final de esta carta.

Te envío un fuerte abrazo,

Tu prima, Eva.

Capítulo 19

Andrés Gómez

Panamá

Llegamos a Panamá el 14 de septiembre de 1994 luego de un vuelo de dos horas. Debido a las lluvias torrenciales, después de aterrizar, tuvimos que esperar dos horas más, antes de ser transportados a la Base de la Fuerza Aérea Howard.

La llegada a la base fue diferente a lo que esperaba: música de Willy Chirino en los altavoces y un personal amistoso. Entre el extenso repertorio de Chirino, había una canción que se convirtió en un himno para los balseros: *Nuestro Día (ya viene llegando)*. Es una canción sobre un niño que sale de Cuba en un barco hacia los Estados Unidos para comenzar una vida como inmigrante. No me consideraba un inmigrante, sino un exiliado, aunque mis experiencias eran las mismas que las de un inmigrante. Tendría que empezar de nuevo en un país desconocido, con una cultura y un idioma diferentes, lejos de todos los que amaba. Estas experiencias me unían a quienes también habían dejado su país en busca de la libertad y de un futuro mejor para sus familias.

Todos memorizamos *Nuestro Día* y lo cantábamos cada vez que lo escuchábamos. La canción nos dio la esperanza de que un día, no muy lejano, podríamos regresar. No se me ocurrió que otros, que se fueron años antes, también se habían aferrado a esa misma esperanza durante toda su vida.

Al llegar a la base, nos llevaron al Campamento Willy Chirino. Bajo una carpa improvisada, nos procesaron, tomamos nuestras huellas digitales y nos entregaron una tarjeta de identificación. Este campamento parecía mejor organizado y listo para la afluencia de balseros.

Me sorprendió que los oficiales estadounidenses estacionados en la base de Panamá nos trataran mejor que el gobierno cubano trataba a sus ciudadanos. Al fin y al cabo, los norteamericanos no nos debían nada.

Había una amplia selección de alimentos en el Campamento Willy Chirino: dulces, una variedad de jugos y arroz amarillo con pollo. El arroz amarillo olía a ajo, cebolla, comino y orégano, el aroma de la cocina cubana, es decir, antes de la llegada del Período Especial. Aun así, comerlo me hizo sentir nostalgia.

Luego de ser asignados a una tienda de campaña con piso de cemento, alguien anunció que nos llevarían a un almacén para recoger más artículos personales. Pensábamos que ya teníamos suficientes y nos preguntamos: —¿Más cosas?

Nos dieron detergente, champú, almohadas y otros bienes, que se sumaron a nuestro creciente inventario.

Capítulo 19

Con el paso de los días, se abrió una escuela para niños. Los maestros cubanos impartían instrucción en diversas materias. En el campamento había una iglesia, un lugar para hacer ejercicio y otro para ver la televisión. También tocaban música que nos mantenía entretenidos.

A pesar de las condiciones favorables en la base Howard, nadie sabía lo que iba a suceder, ni cuanto tiempo permaneceríamos allí, por lo que la incertidumbre nos inquietaba. Solo sabíamos que nuestra presencia en esta base había sido posible gracias a un acuerdo entre los Estados Unidos y el gobierno panameño. Guantánamo no contaba con las condiciones de seguridad necesarias para tantos refugiados.

Poco después de nuestra llegada, conocimos al Padre Rogelio, un sacerdote católico con una sonrisa amable que distribuía Biblias a quienes las querían. Acepté una con la esperanza de que me ayudara a sobrellevar la separación de todos los que amaba. A menudo hablaba con él sobre la fe. El Padre Rogelio creía que no había nada más importante.

Aunque siempre despreciara la lectura y la escritura, pronto me encontré leyendo la Biblia todos los días y escribiéndoles cartas a mi familia. El Padre Rogelio trabajó con la iglesia para distribuir la correspondencia a nuestros familiares en la isla. Sólo por eso me alegré de haber elegido salir de Guantánamo.

Capítulo 19

Mi hija tenía casi cuatro años entonces, así que me encontré dibujando y escribiéndole carticas.

—*Para Jessica, mi niña hermosa, tu papá te manda este dibujito con amor. Te ama, tu papá.*

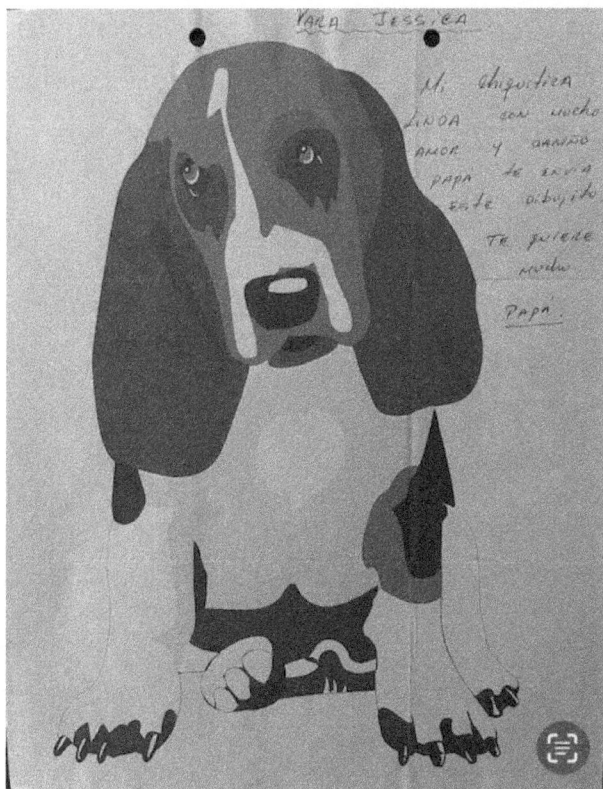

También le envié un dibujo de una balsa en el mar que decía: «Este es tu papá». Te quiero mucho.

Las cartas no eran nada especial, ya que yo no era escritor, pero, a través de ellas, deseaba mostrarle a mi hijita que siempre estaba en mis pensamientos. Nadie me había hecho sentir como ella desde el momento en que la vi por primera vez. Y en mi mente, prometí que no descansaría hasta sacarla de Cuba sana y salva. Algo me decía que no tardaría mucho. Tal vez unos meses. Mientras tanto, continuaba recordándole mi amor por ella mediante dibujos y notas.

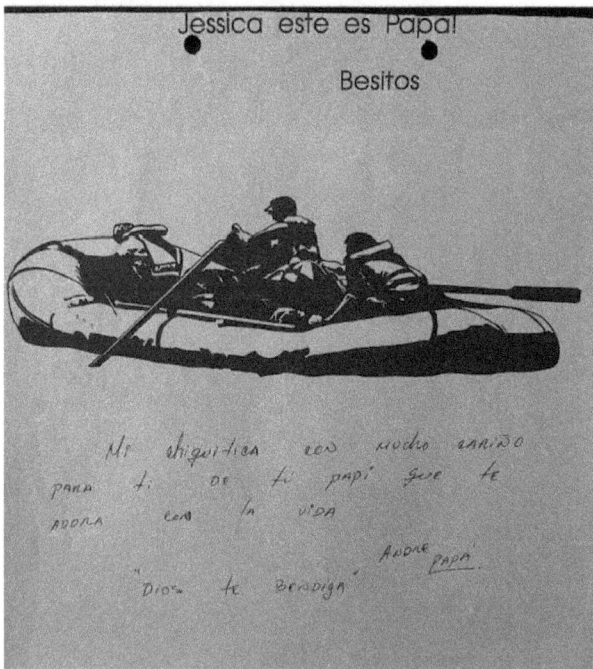

Capítulo 20

Andrés Gómez

Panamá

De todas las cartas que escribí mientras estuve en Panamá, la primera a mi padre fue la más difícil. Al principio, no sabía por dónde empezar ni qué decir. Los días lejos de mi hija me hicieron darme cuenta de lo equivocado que había estado al robarle aquel último adiós. Necesitaba que entendiera lo arrepentido que estaba. Después de intentarlo varias veces, despedazaba el papel y lo tiraba a la basura. Nada de lo que escribía reflejaba lo que sentía. Aunque no me gustaba escribir, necesitaba encontrar las palabras adecuadas para que mi padre me comprendiera, aunque aún no me perdonara.

Una tarde nublada, mientras un oficial distribuía el correo de ese día, escuché mi nombre. Acepté el sobre blanco del oficial y sonreí cuando leí el nombre de mi padre en la sección del remitente. Corrí hacia mi tienda de campaña, me senté en mi catre y saqué la doblada hoja de papel doblada del sobre. La escritura me parecía apresurada y descuidada. Leí en silencio, notando que a mitad de la carta el color de la tinta había cambiado de negro a azul.

Querido hijo:

Debo confesarte que me dolió que no confiaras en mí y que me dijeras que te ibas. Me hizo pensar que había fracasado como padre. Entonces, todo se volvió tan claro en mi mente. No debí haberte protegido de lo que estaba pasando ni haberte dado una versión destilada de la vida.

Ahora tal vez sea demasiado tarde para decirte todas las cosas que te oculté para protegerte, pero ha llegado la hora de decirte la verdad.

Tenías seis o siete años cuando mi vida terminó. Aquella cirugía fallida acabó conmigo. Desde aquel día, he vivido en constante dolor. Me sentía inútil como hombre, ya que un hombre debe mantener a su familia. Sin embargo, a veces tuve que depender de tu mamá y de sus amigas para pagar la cuota mensual de comestibles. Lidiar con tus frecuentes ataques de asma y la situación en el país le echaba leña al fuego implacable que me quemaba por dentro.

Necesitaba soñar con un futuro diferente para ti. Siempre te imaginé viviendo en otro lugar, lejos de aquí; libre de expresar tus pensamientos y de las implacables ataduras de las tarjetas de abastecimiento. La revolución fracasó. La mayoría de nosotros lo vemos. Sin embargo, unos pocos siguen aferrándose al poder, los pocos que todavía se van a la cama con el estómago lleno.

Al nacer mi nieta, pensé que habías decidido quedarte y hacer que las cosas funcionaran, por lo que dejé de hablar de los sueños que tenía para ti. Y, francamente, también me enamoré de mi nieta. Quería verla crecer. La idea de pensarla lejos de nosotros era más insoportable que mi dolor constante.

Lamento haberte negado mi realidad. Vivir en el infierno pone a prueba los límites de nuestras fuerzas y nos hace más fuertes a lo largo del proceso. Me fortalecí para todos nosotros, pero ahora me doy cuenta de que fallé como padre y realmente lo siento.

Espero que algún día te vayas de Panamá y pruebes la vida que imaginé para ti cuando eras niño. Espero que te encuentres en condiciones de hacer algo por tu pequeña familia. Tu madre y yo ya no importamos. Nuestro tiempo ha pasado.

Con todo mi amor,

Tu papá

Mis ojos se inundaron de lágrimas y trataba de contenerlas inútilmente. Mi padre se había equivocado. No fue él quien fracasó, todo lo contrario.

Su carta me enfureció y me entristeció al mismo tiempo, pero también me dio el impulso que necesitaba para escribir.

Capítulo 20

Querido Papá,

Recibí tu carta y me sorprendió leer que pensabas que habías fracasado como padre. Te equivocas. Yo conocía de tu dolor. Al ocultármelo, noté tu fortaleza. Sabía lo difícil que era para ti llevarme a Punta Gorda en bicicleta. Y, sin embargo, lo hiciste porque eso es lo que hace un buen padre. Siempre lo has sido, por eso no dudé en dejar a mi hija con mi esposa, mamá y tú. Confiaba en que ustedes ayudarían a mi esposa.

Si alguien fracasó como hombre, fui yo. Fui un cobarde por no decirte que me iba. Me dije a mí mismo que necesitaba protegerte del dolor de darte ese último adiós cuando, en realidad, me estaba protegiendo a mí mismo. Me arrepiento de haberte quitado algo que te pertenecía. No tenía derecho a hacerlo.

Los días sin mi familia en este campamento, tan llenos de sueños, me han hecho ver el error de mis acciones. Espero que me perdones, porque no sé si podré perdonarme a mí mismo.

Sabes que siempre se me dificultó la escritura, pero quiero dejarte unos últimos comentarios. No es demasiado tarde para ti y mamá. No descansaré hasta verlos a ustedes, mi esposa e hija a mi lado. Eso, te lo prometo.

Gracias por ser el mejor padre del mundo.

Tu hijo, Andrés.

Capítulo 21

Andrés Gómez

Panamá

Al principio, los que llegamos a Panamá estábamos felices y llenos de esperanzas. Fuimos a un concierto de Willy Chirino y, en contraste con Cuba, los niños mayores de siete años tomaban leche a diario y coloreaban con creyones de la marca Crayola. Los líderes religiosos hacían llegar nuestras cartas a las familias en Cuba y nos daban algo en lo que creer. Muy pronto estaríamos en los Estados Unidos, al menos eso pensábamos.

La relación entre los refugiados y los soldados estadounidenses al principio era cordial. Los invitábamos a nuestras carpas para jugar al dominó y les enseñábamos español, mientras ellos nos enseñaban inglés. Pero pronto, aquellos soldados con uniformes de camuflaje, se convertirían en víctimas de la política. Primero comenzaron a circular rumores falsos por el campamento, iniciados por algunos alborotadores. Afirmaban que los comandantes reservaban las visas aprobadas para quienes estuvieran dispuestos a pagar el precio más alto. También decían que todos los refugiados serían devueltos a Guantánamo, algo que no se había confirmado hasta entonces. Aquellos rumores nos aterrorizaban, ya que no queríamos volver a suelo cubano, a cualquier lugar menos Cuba.

La confianza se erosionó rápidamente. No estábamos en Cuba, pero, aun fuera, dentro de nuestro grupo de soñadores, algunos elementos inescrupulosos estaban dispuestos a hacernos quedar mal ante los ojos del mundo.

Después de tres meses en el campamento, comenzaron los disturbios y quienes habían sido nuestros amigos, ya no pudieron confiar en nosotros. Nadie podía culparlos. Algunos cubanos tomaron el control de un *Humvee* y de un camión de provisiones e hirieron a muchos soldados. Sin embargo, los norteamericanos actuaron con moderación. Los alborotadores convirtieron las rocas del campamento en armas contra los soldados quienes, hasta entonces, habían sido como familia.

Hubo más de doscientos soldados heridos en comparación con los treinta cubanos lesionados. Las organizaciones de derechos humanos y los políticos deambulaban por todo el campamento. Tanto los soldados como los cubanos quedaron atrapados en un limbo de la política mundial. Hay un dicho que aprendí hablando con los soldados:

—El camino al infierno está pavimentado por las buenas intenciones.

Capítulo 21

No quería creer que fuera cierto, pero las acciones de unos pocos borraron todo el bien que los soldados estadounidenses habían hecho.

Después de los disturbios, el campamento cambió. Alrededor de 600 cubanos, de los más de 8.000 que había en Panamá, fueron detenidos. Finalmente, liberaron a la mitad. Los oficiales separaron a las mujeres y los niños de los hombres solteros para garantizar su seguridad. Los soldados no tuvieron más remedio que convertirse en ejecutores del orden.

Las condiciones en el campamento se parecían demasiado a lo que habíamos dejado atrás. Para algunos, esto resultó demasiado para sus frágiles mentes, por lo que intentaron suicidarse.

Aquellos eventos me sacudieron, pero necesitaba mantenerme enfocado. Seguía hablando con el sacerdote y leyendo la Biblia. Esto y las fotos de mi hija me ayudaron a lidiar con lo que sucedía a mi alrededor.

Un arzobispo panameño dijo que los estadounidenses dirigían un campo de concentración. Alguien que no hubiera estado allí desde el principio podría haber llegado a esa conclusión, al notar el alambre de púas, la constante vigilancia y el registro de viviendas en busca de armas. Los reporteros ansiosos por noticias jugosas podían encontrarlas fácilmente y, a menudo, extraían situaciones de su contexto.

La mayoría de los refugiados eran como yo, esperando una resolución. No queríamos causarles problemas a los soldados.

Capítulo 21

En diciembre, Clinton anunció que a quienes tenían circunstancias extraordinarias se les permitiría ingresar a los Estados Unidos. Para el resto de nosotros, el único camino disponible sería regresar a Cuba y solicitar visas. Sin embargo, Cuba solo aceptó a algunos de quienes estaban dispuestos a regresar. Volver a Cuba no era una opción para mí, ya que no beneficiaba a mi familia.

En enero de 1995, más de 150 refugiados, en su mayoría familias, se despidieron de los soldados en la pista de aterrizaje de la base Howard en Panamá. El periódico Washington Post capturaría el momento en que una niña corrió hacia el aviador de primera clase, Miguel Villanueva, quien la levantó en brazos para un último adiós. Pero aquel rayito de esperanza no hizo nada para aliviar el temor de los 8.000 cubanos que permanecían en Panamá.

La ansiedad aumentó al saber que el campamento de Panamá iba a ser cerrado en marzo de 1995, por lo que no tendríamos más remedio que regresar a Guantánamo. Tras esta noticia, los soldados aumentaron las medidas de seguridad. Era preciso que mantuvieran el control, ya que el mundo entero nos miraba.

Capítulo 22

Andrés Gómez

Panamá

El día en que ocurrieron los disturbios, yo no estaba en el campamento. Temprano en la mañana, había escuchado mi nombre a través de los altavoces y luego supe que alguien había venido a visitarme, pero no sabía quién. No conocía a nadie en ese país y no era como mi amigo Julio, quien buscaba a personas con su apellido en la guía telefónica e inventaba que eran familia. Un día escuché una de sus conversaciones.

—Hola, ¿es usted Sandra Pérez Rodríguez? —preguntó Julio. Yo estaba de pie afuera de la cabina telefónica, esperando y haciendo un gesto de desaprobación con la cabeza.

Hubo un silencio y cuando la tal Sandra le respondió, Julio continuó.

—Hola, Sandra. Soy Julio Pérez. Compartimos el mismo apellido y mi abuela me dijo una vez que teníamos familia aquí en Panamá, así que la llamé para ver si el nombre de mi abuela le resultaba familiar.

Le dio a la mujer el nombre de su abuela. A juzgar por su respuesta, debió haberle dicho que no le resultaba familiar. Pero a él no le importaba.

—A lo mejor su abuela la conocía —dijo.

Capítulo 22

Después de la respuesta de Sandra, Julio agregó:

—¿En serio? Así que murió hace tres meses. Lo siento, Sandra.

Yo le pedía que colgara, ya que no era justo jugar con alguien de esa manera.

—Bueno, estoy aquí en Panamá, en la base. Seguro que te has enterado de la noticia.

Silencio.

—Así que ya lo sabes. Sí, estoy seguro de que hemos estado en todas las estaciones de radio y televisión aquí en Panamá. Como te imaginas, es muy difícil para mí estar aquí sin mi familia. Le echo mucho de menos.

Pausa. Respiró hondo.

—Bueno, no quiero seguir tomándote tu tiempo. Pero si no tienes nada que hacer un día de estos, no dudes en venir a la base y preguntar por mí. Tráeme fotos de tu abuela y de tu familia. Tal vez pueda identificar a algunos de mis parientes que he visto en fotos. Mi abuela tenía fotografías de familiares que vinieron aquí, a Panamá, hace años. Las recuerdo bien.

No podía creer lo que estaba diciendo. Al finalizar la llamada, hizo un baile feliz.

Días después, escuché el nombre de Julio por los alta voces.

—Julio, ¿a dónde vas? —le pregunté.

—¿Recuerdas el día en que llamaba a personas que compartían mi apellido y vivían en Panamá? Bueno, ¿adivina qué? ¡Mi prima panameña, Sandra, vino de visita!

Capítulo 22

Hizo otro baile feliz, un poco más largo que el último, con una vuelta y todo.

—¡No tienes vergüenza! Cuando vivíamos en Cuba, nos convenciste a todos de que te habías ganado la lotería de la inmigración. También engañaste a la mitad de las mujeres de nuestro pueblo y ahora vienes aquí y convences a una extraña de que estás relacionado con ella. No sé cómo se le ocurrió venir a verte.

—¿Qué puedo decir? Mi prima tiene un buen corazón.

—Ella no es tu prima. ¡Te estás aprovechando de los sentimientos de la gente!

—Relájate chico. Sabe que es posible que no seamos parientes, pero quiere visitarme de todos modos. Vino a causa de mi encantadora personalidad que hasta por teléfono se nota.

Y efectivamente. Tenía razón. Julio no solo recibió una visita, sino tres. Nunca hubiera hecho algo así.

Yo tenía una prima, Linda, en Miami, que había facilitado las llamadas con mi familia en Cuba, pero no había dicho que iba a venir. Entonces, el día en que escuché mi nombre por los altavoces, me pregunté si este era uno de los juegos de Julio. ¿Se habría puesto en contacto con alguien en Panamá como si fuera yo?

Cuando llegué al punto de encuentro, un grupo numeroso esperaba ser transportado a un lugar que los balseros del campamento bautizaron como 'El Globo'.

127

Capítulo 22

Me sentí nervioso cuando me senté en el autobús entre tantos rostros felices. Pasaron muchos pensamientos por mi mente. ¿Habría dos personas con mi nombre en el campamento?

Después de que todos los asientos del autobús se llenaron, comenzamos el corto viaje hacia El Globo. Nunca había estado allí, pero Julio me lo había descrito. Era una carpa blanca redonda que contenía varias mesas rectangulares y cuadradas, sillas, máquinas expendedoras y baños. El espacio tenía aire acondicionado y estaba bien organizado.

Un oficial me dirigió hacia una mujer sentada en una mesa cerca del centro del salón. Tenía más o menos mi edad, con el pelo largo y rubio. Cuando me vio, se sonrió y me saludó con un gesto de la mano. Miré hacia atrás. No había nadie que le devolviera el saludo. Entonces, levanté lentamente la mano y le devolví el saludo.

—Debes ser Andrés —me dijo cuando me acerqué a ella.

Abrió sus brazos hacia mí.

—Lo soy —le dije.

Me dio un cálido abrazo, como si me hubiera conocido toda la vida. Olí su agradable perfume floral y la fragancia de coco de su cabello. Para ser cortés, mientras ella me abrazaba, mantuve los brazos a mi lado. ¿Quién era esta mujer? ¿Cómo supo mi nombre?

Ella se echó a reír.

—No te pongas nervioso. Tu prima de Miami, Linda, me envió. Mi nombre es Melinda.

Capítulo 22

Mi hermano también está en este campamento, en una de las casas de campaña, como tú. También fue rescatado del mar tras casi perder la vida. Tengo ansias de abrazarlo después de tanto tiempo. Cuando Linda se enteró de que iba a venir, me pidió que le trajera un paquete.

Me entregó una bolsa de plástico blanca.

—Esto es para ti, de tu prima.

Miré la bolsa sin saber qué hacer.

—¡Ábrela!

Asentí con la cabeza y obedecí. Me miró alegremente mientras yo revisaba el contenido de la bolsa: un Walkman Sonny, unos cuantos paquetes de M&M y de Hershey y un par de pulóveres.

Agarré uno de los paquetes de M&M.

—¿Has comido M&M antes? —preguntó como si hubiera notado la manera en que abrí los ojos.

Hice un gesto negativo con la cabeza. Debí de haberle parecido raro, como alguien que ha vivido bajo una roca toda la vida. Tal vez era así.

—¡Cómete unos cuantos! —dijo ella entusiasmada.

Rompí la bolsa de M&M y le ofrecí algunos.

—Comételos tú. No te preocupes por mí, pero gracias.

Agarré uno de los rojos y me lo llevé a la boca. Muy sabroso.

—¡Qué rico!

—Lo es — sus ojos oscuros brillaban.

Consumí el paquete entero. Su hermano Alexis llegó momentos después y los dos se abrazaron, ella con los ojos llenos de lágrimas.

—Ha pasado tanto tiempo—dijo ella—. Más de cinco años esperando volver a abrazarte, mi hermanito.

—Yo también te extrañé —dijo Alexis.

—No pude creer que te hubieras ido en una balsa. Podrías haber muerto. De hecho, ¡casi lo lograste! ¿Estás loco?

—No podía quedarme ahí. Tú lo sabes.

Ella movió la cabeza de un lado al otro un par de veces.

—¿Te están tratando bien aquí?

Él asintió.

—Pero estoy ansioso de irme. Estoy cansado de estar aquí.

—No te preocupes. Pronto, estarás en casa con nosotros.

—Espero que tengas razón.

Le ofrecí a Alexis una bolsa de M&M.

—Gracias, pero también le traje unos paqueticos—dijo Melinda—. Así que disfruta los tuyos.

Podría haberme comido el contenido de todas las bolsas de una sentada, pero debía dejar algo para mis amigos. A excepción de Julio, ninguno tenía familiares ni amigos que les enviaran paquetes de ayuda.

Alexis, Melinda y yo hablamos durante mucho tiempo. Alexis y yo teníamos muchas preguntas sobre la vida en Miami. Nos mostró fotos de la

Calle Ocho, una zona habitada principalmente por exiliados cubanos. Vi el parque donde la gente se reunía a jugar al dominó. Me maravilló ver a la gente bebiendo café cubano en uno de los cafés.

—Es como una mini-Habana allí—dijo—. Antes de Castro, por supuesto.

Sabía poco sobre la Cuba prerrevolucionaria, aparte de unas pocas fotos viejas que había visto en la casa de mis abuelos cuando era niño.

Hubo más sonrisas y conversaciones sobre la vida en los Estados Unidos. Luego vinieron las preguntas sobre la vida en el campamento. No había mucho que decir. Vivíamos una vida rutinaria en una eterna espera. Lo peor era no saber cuándo íbamos a poder viajar a nuestro destino.

Durante nuestra conversación con Melinda, nos enteramos de que las visitas al campamento normalmente duraban unas tres horas. Pero aquel día, sería diferente. Supimos que algo andaba mal cuando escuchamos varios helicópteros volando sobre nosotros y lo que sonaba a grandes camiones.

—¿Es eso normal? —preguntó.

Tanto Alexis como yo hicimos gestos negativos con la cabeza. Estábamos seguros de que algo andaba mal y, poco después, un anuncio por los altavoces confirmó nuestras sospechas.

—Necesitamos que todos ustedes permanezcan aquí hasta que se les autorice a irse. Podrían ser dos o tres horas más.

Las miradas y los susurros de preocupación se extendieron por toda la zona de visitas. Melinda

Capítulo 22

no dejaba de mirar hacia arriba mientras los helicópteros volaban sobre nosotros.

—¿Estaremos a salvo aquí? —preguntó.

—Eso espero —respondió su hermano y me dirigió una mirada de preocupación.

Me encogí de hombros. Cuanto más examinaba nuestro entorno, más me preguntaba si realmente estábamos a salvo. Pude ver cómo los soldados de esta zona actuaban a nuestro alrededor. Parecían tan preocupados como nosotros y cuchicheaban entre sí. Entonces noté el aumento del personal de seguridad inmediatamente después del anuncio. Tenía ganas de preguntarle a alguien qué estaba pasando, pero temía que no me dieran ningún detalle.

Estuve nervioso hasta que los oficiales anunciaron que podíamos regresar a nuestro campamento. Mientras los autobuses nos llevaban de regreso a nuestro punto de partida, examinamos, en estado de shock, la magnitud de los daños.

Me di cuenta que dos tiendas de campaña cerca de la mía habían sido incendiadas. Un área de madera que albergaba los ocho teléfonos que usábamos para llamar a Miami u otras ciudades de Estados Unidos y de Panamá había sido destruida.

¿Quién haría algo así?

Al llegar, me enteré de que un grupo de balseros había intentado escapar de la base. Fueron capturados, devueltos al campamento y puestos en cuarentena.

Capítulo 22

En el momento en que vi la destrucción y las medidas de seguridad reforzadas, me di cuenta de que la vida en el campamento estaba a punto de cambiar y no para bien.

Capítulo 23

Jorge Lago

Guantánamo

Tres semanas después de nuestra llegada a Guantánamo, todavía no había oído ninguna noticia sobre Roel. No debería haber creído la carta de mi prima Eva, en la que expresaba la creencia de mis padres, de que los guardacostas de los Estados Unidos lo habían llevado a Guantánamo. Leí la carta varias veces. Ahora era evidente que mis padres estaban equivocados. Mi hermano había muerto y era inútil, e incluso peligroso, seguir pensando lo contrario.

Por la noche, mientras todos dormían, yo lloraba por mi hermano. Pensé en nuestros viajes por la isla, en la forma en que se reía de mí cuando documentaba los nombres y la ubicación geográfica de cada planta en el camino. En retrospectiva, tenía razón. Perdí tanto tiempo concentrándome en las plantas, cuando debería haber pasado más tiempo conociendo a mi familia y entendiendo a mi hermano. No comprendía por qué estaba tan alegre todo el tiempo y no tomaba la vida más en serio.

Capítulo 23

Extrañaba ver a Roel y disfrutar de sus ocurrencias, como las veces en que enderezaba la cara arrugada de mi abuela con los dedos y le decía: —¡Tu cirugía estética ha sido un éxito!

Mi abuela se cruzaba de brazos y fingía que estaba brava, pero luego se echaba a reír.

—No respetas a tu abuela—le decía.

—¡Es porque te quiero mucho, abuela! Más que nadie en el mundo, pero no se lo digas a mami. Se va a enfadar.

Recordaba vívidamente sus interacciones.

Me sentía entumecido, sin ganas de luchar por mi futuro, pero Roel no habría querido que me rindiera. Habría querido que luchara por mi futuro. Tal vez era la única forma de darle sentido a su muerte, trabajando duro para que su sacrificio no fuese en vano.

Empecé a hablar con los soldados para aprender todo el inglés que podía. Yo tenía un acento fuerte, pero seguí intentándolo y probándolo hasta que mejoró mi pronunciación.

Un día, mientras hablaba con uno de los soldados, escuché mi nombre a través de los altavoces. —¿Otra carta de mi prima? —pensé.

Caminaba con la cabeza gacha, a veces pateando la tierra del campamento.

—¡Jorge! —dijo una voz masculina.

Levanté la cabeza y miré en la dirección de la voz. Había dos hombres a unos metros de distancia. Uno era un soldado y el otro una figura familiar. Debía estar soñando. ¡No podía ser él!

Capítulo 23

—¿Roel? —pregunté, indeciso, temeroso de hacer el ridículo.

Sonreía de la manera que solo *él* podía hacerlo. Mientras corría hacia mí, sentí como si mis piernas se me doblaran. ¿Estaría alucinando?

—¡Mi hermano está vivo! —me repetí a mí mismo. No entendía cómo.

Cuando sentí su abrazo, me di cuenta de que no estaba alucinando. Roel estaba allí, vivo, con un aspecto más bronceado de lo que yo recordaba. Y su sonrisa no había cambiado. En todo caso, se había vuelto más brillante. Lo abracé como no había abrazado a nadie en mi vida, exponiendo todos los sentimientos ocultos y dejando que mis emociones se asomaran ante mis ojos.

—¡Estás vivo! —dije con la voz entrecortada—. Llegué a pensar que...

—Lo sé. Me imagino cómo te sentiste.

—Nuestra prima dijo que te habían rescatado. Pero luego, pasaron muchos días sin noticias.

—Nuestros padres se adelantaron. La balsa se rompió por segunda vez. Nuestra prima se fue de vacaciones y nuestros padres no pudieron localizarla. Es una larga historia. Lo importante es que estoy aquí y que lo que pasó ya quedó atrás.

Parecía más maduro que cuando me fui de Cuba.

—¿Cuánto tiempo estuviste en el mar? ¿Llegaron todos?

Se rio entre dientes.

—Hablaremos de eso en otro momento.

136

Capítulo 23

Permanecimos en silencio durante un rato, mirándonos el uno al otro, como si tratando de descifrar los pensamientos del otro. Entonces, miré al militar que acompañaba a mi hermano. Era un joven de ojos azules.

—¿Podría mi hermano quedarse conmigo en mi tienda de campaña?

Sonrió. —Creo que será posible.

Durante los días siguientes, mi hermano me contó sobre el regreso de la paloma mensajera y la reacción de las familias que esperaban noticias de sus hijos. Me habló de la familia, pero poco de sus días en el mar. Cada vez que le preguntaba, cambiaba la conversación o respondía:

—No hay nada que decir. Ya sabes lo que se siente.

Pero evitaba el contacto visual y se quedaba pensativo, lo que me hizo pensar que ocultaba algo, algo que había cambiado de forma irrevocable en el hermano que conocía.

Capítulo 24

Jorge Lago

Guantánamo

El encierro en Guantánamo nos afectó emocionalmente. Habíamos dejado el pasado atrás, pero no teníamos futuro. Cuba era el infierno, los Estados Unidos, el cielo, y Guantánamo se convirtió en nuestro limbo. Los soldados nos llamaban inmigrantes. Nosotros nos considerábamos balseros, un término que se había convertido en nuestra insignia de honor. No deseábamos que otro término nos definiera. Los soldados no entendían que, para muchos de nosotros, morir en el mar era preferible que vivir en la isla, donde moríamos poco a poco cada día.

Los funcionarios nos dieron a cada uno un brazalete de rastreo con un transpondedor. No me molestaba tenerlo. Era difícil saber quién estaba entre nosotros, por lo que un sistema de rastreo era una medida de seguridad esencial.

A pesar de la incertidumbre y de las medidas de seguridad, hicimos todo lo posible para salir adelante. Vi a niños saltando cuerdas, con sonrisas en sus rostros, y a personas lavando su ropa en cubos blancos. Jugábamos al dominó y a la pelota. Roel y yo aprendimos tantas palabras como pudimos y practicábamos inglés con los soldados. Les enseñamos algunas frases en español, como cómo halagar a una mujer bonita.

A medida que los días se convertían en meses, algunos de los balseros que habían dejado atrás a sus familiares se preguntaban si debían abandonar la base y regresar a casa. Sin embargo, más allá del alambre de púas que rodeaba el perímetro de diecisiete millas de la Base Naval de la Bahía de Guantánamo había campos minados.

—No salimos de Cuba como refugiados políticos para quedarnos atrapados en este lugar miserable, donde aún tenemos menos libertad —dijo un médico de La Habana.

Para mejorar las condiciones de vida y de comunicación, los trabajadores distribuyeron radios. AT&T instaló teléfonos, pero las llamadas eran caras, más de 15 dólares por una llamada de diez minutos.

Mientras los cubanos se inquietaban, los inmigrantes haitianos esperaban en una pista de aterrizaje abandonada convertida en un complejo más permanente. Los haitianos habían llegado en junio de 1994 tras un golpe militar en su país y, desde entonces, han tenido varios altercados con funcionarios estadounidenses. Después de la llegada de los balseros cubanos, comenzaron a sospechar que recibían un trato preferencial.

Capítulo 24

En septiembre, pocos haitianos llegaban y muchos habían decidido regresar a Haití. Sin embargo, no había forma de repatriar a los cubanos.

Aumentaron los temores en todo el campamento de que incidentes menores pudieran provocar disturbios a gran escala. Los guardias asignados al campamento no tenían armas, pero los cascos, las porras y los gases lacrimógenos estaban listos para desplegarse en caso de necesidad. Mientras tanto, los trabajadores trataron de mejorar las instalaciones, agregando duchas y áreas recreativas, y ampliando la capacidad. Pero si los cubanos y los haitianos se sentían cada día más frustrados, también lo hacían los aproximadamente 5.000 supervisores militares, muchos de ellos veinteañeros, atrapados en medio de un conflicto que no podían resolver.

Capítulo 25

Jorge Lago

Guantánamo

En octubre de 1994, con la ayuda de los Estados Unidos, terminó el golpe militar en Haití y el presidente Jean-Bertrand Aristide regresó al poder. Para garantizar una estabilidad duradera, más de 5.000 soldados estadounidenses permanecieron en Haití, lo que despejó el camino para la repatriación de haitianos de Guantánamo.

En marzo de 1995, cuando los más de 8.000 balseros cubanos que permanecían en Panamá regresaron a Guantánamo, algunos haitianos todavía se negaban a irse, con la esperanza de que se les concediera asilo en Estados Unidos.

Entre los que regresaban de Panamá estaba Andrés, el balsero que había conocido unos meses antes. Tenía curiosidad por saber qué había sucedido allí, no por los detalles generales que leíamos en los periódicos distribuidos en el campamento, sino por el testimonio de alguien que había vivido allí.

Seguí buscando a Andrés en las cabinas telefónicas o en las áreas generales hasta que, un día, mientras mi hermano y yo esperábamos para hacer una llamada, escuché que alguien detrás de mí gritaba mi nombre.

Roel y yo nos giramos en la dirección de la voz y esbocé una amplia sonrisa cuando vi a Andrés. Extendí mi mano para estrechar la suya, pero en lugar de hacerlo, me abrazó como lo haría un hermano.

Le presenté a Roel.

—Me alegra que tengas a tu hermano a tu lado —me dijo—. Es mejor que no tener a nadie.

Apretó los labios con fuerza y hundió la barbilla en el pecho.

—Estoy de acuerdo contigo—respondí, comprendiendo su decepción—. ¿Cómo está tu familia?

—Me extrañan, sobre todo mi niña de cuatro años.

—Espero que puedas verla pronto.

Respiró profundo.

—Al ir a Panamá, esperaba llegar primero a Miami, pero aquí estoy. ¿Me perdí algo interesante?

Le conté sobre las mejoras que los trabajadores habían logrado desde que se fue y sobre las crecientes tensiones. Compartió sus experiencias en la base de Panamá y su renuencia a regresar a Cuba. Aquel día, por la tarde, Roel, Andrés y yo nos sentamos en un banco para hablar.

—Tengo una prima en Miami que tiene una habitación para mí —dijo Andrés—. Si alguna vez puedo llegar allí, ella me ayudará. He estado aprendiendo inglés para prepararme para la vida en los Estados Unidos.

—También tenemos familia en Miami. ¿Dónde vive tu primo? —pregunté.

– En la sección suroeste.

—La misma zona donde viven mi tía y mi prima. Esa sección y Hialeah son populares entre los cubanos.

—¿Cómo fue tu viaje? ¿Cuánto tiempo estuviste en el mar? —Le preguntó Andrés a Roel, mirándolo a la cara.

Roel me miró durante un momento. Durante meses se había negado a hablar de lo sucedido.

—Estuvimos en el mar unos días—respondió—. Una tormenta nos sorprendió por la noche y uno de nuestros amigos del barrio cayó al mar. Las olas eran demasiado altas y había tanta oscuridad. No pudimos... No pudimos rescatarlo.

Angustiado, Roel se detuvo un momento y me miró de nuevo.

—Era amigo de Jorge. Incluso, Jorge fue novio de su hermana.

—¿El hermano de Alicia ha muerto? —pregunté en estado de shock—. ¿Por qué no me lo dijiste?

—Lo siento. No sabía cómo lo ibas a tomar. Pensé que me culparías por no haber intentado salvarlo. Grité su nombre. Todos lo hicimos muchas veces, pero no recibimos respuesta ni vimos nada.

—Cualquiera en la misma situación habría hecho lo mismo. Si hubieras ido tras él, no estaríamos teniendo esta conversación —dije.

Respiró profundamente para ahogar lo que sentía.

—¿Lo sabe su familia? —pregunté.

—No lo sé.

—¿Encontraron el cuerpo?

—No tengo información ninguna.

Claro que no. ¿De qué manera?

Miré hacia abajo y cerré los puños. Roel luego agregó:

—Es una pena. Lo único que hacía era hablar de su hermana y de lo que quería hacer cuando la viera. La quería mucho.

—Lo sé —respondí.

—Siento lo que le pasó a tu amigo —dijo Andrés.

—No merecía morir. No sabes cuántas veces me he preguntado ¿por qué él y no yo?

—Es la culpabilidad del superviviente —le dije.

—¿Qué? ¿Estás inventando un término para lo que estoy pasando?

—Es una condición psicológica, bien conocida, que ocurre cuando un individuo sobrevive un evento traumático mientras otros mueren—le expliqué.

—Por eso no quise decirte nada. Siempre estás tratando de explicarlo todo. ¿Estás diciendo que estoy loco?

Capítulo 25

—No soy psicóloga, pero sufres de estrés postraumático.

—Imagino que todos nosotros hemos quedado con huellas de nuestras experiencias —respondió Roel.

—De verdad que lo siento —dijo Andrés—. No quería provocar una discusión entre ustedes.

Ahora comprendía por qué Roel había estado tan callado. Sabía cuánto me había afectado la partida de Alicia. Y ahora, la noticia de la muerte de su hermano desenterraba los mismos sentimientos.

Capítulo 26

Andrés Gómez

Guantánamo

La competencia amistosa entre Jorge y yo había comenzado. Nos preguntábamos cuál de nosotros llegaría primero a Miami. ¿Llegaríamos alguna vez?

El 2 de mayo de 1995, los Estados Unidos anunció que les daría entrada a 21.000 refugiados de Guantánamo. Sin embargo, cualquier otro balsero rescatado en el mar de ese momento en adelante sería devuelto a Cuba. La decisión siguió otra anterior, en la que se le permitiría el ingreso a los Estados Unidos a 20.000 inmigrantes cubanos ese año, lo que significaba que al menos 40.000 tendrían la entrada garantizada. La medida enfureció a los críticos, pero suscitó sentimientos encontrados en la comunidad cubanoamericana. Aplaudían la liberación de los balseros de Guantánamo, pero no el regreso de otros a la isla.

Jorge, Roel, nuestros amigos y yo nos sentíamos felices. Los meses de incertidumbre estaban a punto de terminar.

Capítulo 26

En preparación para nuestra partida, a cada uno de nosotros se nos asignó un número. Todo lo que teníamos que hacer era esperar. Para entonces, ya habíamos aprendido mucho sobre nuestro nuevo país. Pero había mucho más que necesitábamos descubrir una vez que llegáramos a suelo norteamericano.

Durante los siguientes días, hice muchos planes. Conseguiría un trabajo o dos lo antes posible. Trabajaría hasta el cansancio para sacar a mi familia de Cuba. Con un poco de suerte, tendría a mi pequeña a mi lado en unos meses.

Para el 10 de septiembre de 1995, mi turno aún no había llegado. Me pregunté cuánto tiempo más tendría que esperar. Ese día recibí una carta de mi esposa.

A menudo me preguntaba acerca de nuestra relación y si sobreviviría la larga separación. Sin embargo, no podía preocuparme por lo que no podía controlar. El tiempo tiende a cambiar a las personas. Me había cambiado a mí. Solo esperaba que mi esposa se mantuviera comprometida con irse, independientemente de sus sentimientos hacia mí.

Llevé la carta a mi tienda de campaña y me senté en mi catre a leerla. Era una carta corta. Nunca tenía mucho que decir.

Querido Andrés:

Me alegró saber que tu larga prueba terminará pronto. No sé cuánto tiempo más tendremos que esperar antes de que nos saques de Cuba. Eso me preocupa. ¿Serán meses o años?

Me temo que podrías encontrar a otra mujer en los Estados Unidos. La idea de pensar en ti con otra persona me enfurece. Tú me conoces bien. Sé que la soledad consume el espíritu. Sin embargo, por ahora, no me preocupa sentirme sola. Nadie es más importante que nuestra hija y su futuro. En eso creo que estamos de acuerdo.

Nuestra hija te extraña mucho. Me pregunta por ti todos los días y disfruta mirando las fotos tomadas antes de tu partida, en las que estamos los tres juntos.

Como te dije antes, Jessica ha guardado todas las cartas y las fotos que le has enviado. Ha creado un libro que conserva debajo de la cama. A veces la veo despierta de madrugada, mirándolo. Le recuerdo que necesita dormir y lo guarda. Luego la abrazo y la beso dos veces. Le digo que un beso es mío y otro tuyo. A ella le gusta eso.

A veces, cuando vienen nuestros amigos o familiares de visita, le pido que les muestre su precioso libro, pero ella lo protege como si fuera una prenda valiosa. Lo saca de su escondite, lo sostiene contra su pecho y mira al visitante, inexpresiva. Ahora entiendo lo que pasa por su mente. Estos son recuerdos entre ustedes que no desea compartir con nadie. Esto me dice mucho sobre ella y el amor que siente por ti y he decidido no pedirle más que comparta este tesoro suyo con otros. Le pertenece a ella solamente.

Capítulo 26

Algunos profesores de la escuela la hacen sentir mal. Ya sabes cómo son las cosas. Creen que los que se fueron son traidores. Jessica llegó a casa llorando el otro día porque una maestra expresó una opinión desfavorable sobre tu decisión de irte.

—Tu padre no es un traidor —le expliqué—. Tu profesor no entiende. Mantén la cabeza en alto. No escuches a quienes hablan mal de tu padre y nunca dejes de amarlo. Tu papá ha hecho esto porque te quiere con todo su corazón.

Ella asintió con la cabeza. Espero que me haya entendido, por su bien.

No tengo mucho más que decirte. El Período Especial es duro para toda la familia, pero no hace falta que te lo diga. Ya sabes cómo son las cosas.

Mantente a salvo y saca a tu hija de este lugar lo antes posible.

Con todo mi amor,

Marcia

Capítulo 27

Jorge Lago

Guantánamo

Andrés, su amigo Julio, mi hermano Roel y yo salimos de Cuba en el mismo avión a finales de septiembre de 1995. Armani y el resto de nuestros amigos que habían hecho el viaje con nosotros habían salido en vuelos anteriores. De los amigos que se fueron antes que nosotros, solo Armani y Carlos se quedarían en Miami. Los demás se irían a vivir con parientes en Tampa, Orlando o Union City. Nuestra competencia amistosa por ver quién se iría primero, Andrés o yo, había terminado. Ganamos todos.

Los cubanos de Guantánamo habíamos captado la atención del mundo cuando salimos de la isla en balsas y, más tarde, durante los meses que vivimos bajo la incertidumbre de las tiendas de campaña. Ahora tendríamos que acostumbrarnos a vivir en un nuevo país, con una nueva cultura y un idioma que no fuera el nuestro. Pero nuestras experiencias nos prepararon para la vida que nos esperaba.

Capítulo 27

Muchos de nosotros no habíamos estado antes dentro de un avión ni escuchado el rugido de sus motores desde adentro. Así que explorábamos la cabina con curiosidad.

—¿Estás seguro de que este avión podrá despegar con todos nosotros a bordo? ¿Y si cae del cielo? —preguntó Julio.

Andrés, el único de nuestros amigos que había volado antes, sonrió.

—Despegará y, si tenemos suerte, no se caerá del cielo. Ya lo verás.

Mientras examinaba la cabaña, pensé en los acontecimientos que me habían traído hasta aquí: mis días en la cárcel, mi empresa de ron Jorgito, las noches que mis amigos y yo pasamos construyendo una balsa bajo las mismas narices del personal militar cubano, la sombrilla regalada que nos protegió en el mar, la paloma mensajera que dio esperanza a tantos. Yo seguía repitiendo mi vida en mi mente como una película. Tal vez era necesario hacerlo.

Andrés tenía su propio conjunto de experiencias únicas: su viaje por el río Sagua, los días que pasó en los cayos al norte de Sagua La Grande, las lecciones aprendidas en Cayo del Cristo durante la noche de la tormenta y la ayuda inesperada que él y sus amigos recibieron de quienes considerábamos el enemigo. Creía que Andrés había enfrentado lo mejor de la humanidad y yo lo peor durante los meses que pasé en una de las cárceles de Castro. Tal vez eso explicaba por qué él creía en Dios mientras yo seguía siendo escéptico.

Andrés había dejado atrás a su esposa e hija, mientras que el amor de mi vida vivía en Miami. No sabía nada de ella. Pero era inteligente, así que no dudé de que había hecho una transición fácil a su nueva vida. Pronto, yo también eliminaría el freno que le había puesto a mi vida personal.

Sentarse en aquel avión fue como mirar una página en blanco entre dos capítulos. A medida que el avión aceleraba sobre la pista, oleadas de sonrisas nerviosas llenaban la cabina en contemplación del nuevo capítulo que estaba a punto de comenzar.

Mientras el avión ascendía, mis ojos se fijaron hacia afuera. Mi asiento junto a la ventana me daba una vista perfecta de la isla. Esta sería la última vez que vería a Cuba, ya que no tenía intención de regresar. Sin embargo, todavía tenía a mis padres, a mi abuela y a otros parientes atrás. Debía encontrar la manera de sacarlos.

Escuché a alguien decir una vez que, cuando has vivido en Cuba, nunca podrás irte. El espíritu de la isla te acompaña adonde vayas. Cuando miré hacia las aguas verdeazul y la exuberante vegetación tropical cerca de la costa, creí en la realidad que se escondía en aquellas palabras.

Capítulo 28

Jorge Lago

Miami

Solo había mostrado mis emociones en público el día en que supe que Roel estaba vivo. Sin embargo, mi hermano Roel siempre abrazaba y besaba a todos. Pero cuando el avión aterrizó en Miami y el piloto anunció: —Bienvenidos a la tierra de libertad—, sonreí y lloré al mismo tiempo.

Acabábamos de salir oficialmente del limbo y entrábamos en el paraíso, por lo que mis reprimidos miedos de terminar donde había empezado se derritieron en un instante.

—Estás llorando —observó Roel.

—Ay, no sabes lo que estás diciendo. Es algo en el conducto de aire que está sobre mí. Debo ser alérgico a él.

Tosí un poco para que me creyera.

—Deja de inventar cosas. ¿Qué? ¿Ahora te estás convirtiendo en Julio?

—Oye, más respeto aquí—dijo Julio desde el otro lado del pasillo en español. Luego, en inglés, agregó: —No soy un mentiroso, pero tal vez seré abogado algún día.

Capítulo 28

—¿Qué acabas de decir? —le pregunté, poco acostumbrado a oírle hablar en otro idioma.

Julio respondió en español: —¿Qué te parece eso? Todos pensaban que solo estaba bromeando, pero también estaba haciendo planes. Quiero ser abogado.

—¿Y cómo vas a pagar por eso? —preguntó Andrés desde el asiento detrás de Julio.

—Vamos. ¿Tú, de todas las personas, me vas a preguntar eso?

—Sí, me lo has dicho mil veces. Tus ojos verdes y tu piel color chocolate derriten a cualquiera. ¿Por qué me molesto en preguntarte nada?

Todos nos reímos. Miré hacia afuera, preguntándome qué vida me esperaba, pensando que todavía tenía algo que hacer antes de recomponerla.

Necesitaba encontrar a Alicia.

Capítulo 29

Jorge Lago

Miami

Miami era mucho más grande de lo que esperaba, con edificios altos que bordeaban la Bahía de Biscayne, una animada vida nocturna en Miami Beach, grandes botes privados en los puertos deportivos, música cubana y juego de dominó en la Calle Ocho y docenas de panaderías cubanas que ofrecían los tipos de dulces de los que hablaba mi abuela, pero que nunca había visto. Las palmas reales, como las de Cuba, adornaban algunas avenidas y jardines de la ciudad.

Había llegado, sin duda, al paraíso. Ahora, tenía que encontrar mi lugar en esta ciudad de soñadores.

El supermercado Sedano, donde me llevó mi prima Eva, estaba lleno de compradores que hablaban español. Hasta las cajeras lo hablaban y eran muy amables. Me preguntaron: —Amor mío, ¿encontraste todo lo que buscabas?

En la panadería, las mujeres detrás del mostrador también nos llamaban 'mi amor'.

Capítulo 29

Miami era una ciudad deslumbrante con gente en ambos lados del espectro de la riqueza y muchos justo en el medio. Sin embargo, Eva no dejaba de recordarme que incluso la persona más pobre de Miami se habría sentido rica en Cuba en la década de 1990.

Para darnos la bienvenida a Roel y a mí, Eva organizó una gran fiesta en su casa e invitó a amigos y familiares. La celebración incluyó música y mucha comida cubana: frijoles negros, arroz blanco, plátanos, cerdo frito, yuca, flan, pasteles y refrescos. Una hora después de iniciada la celebración, alguien entró con dos botellas de ron.

—Ahora si se formó la fiesta —le susurré a Roel.

Vertí un poco de ron en un vasito y lo probé. Lo comparé con el Ron Jorgito que había inventado en Cuba. Y debo confesar que este ron podía competir con el mío. Era suave, dulce y ahumado. Roel se sirvió un poco y lo probó.

—Es mejor que el tuyo, ¿no? —preguntó Roel como si notara mi placer.

—Me podría acostumbrar a tomarlo.

Roel viró los ojos hacia arriba.

—Sabes que es mejor que el ron tuyo. Es una mezcla perfecta.

Me sonreí. Después de solo unos días en Miami, ya podía ver una diferencia en él: afeitado, descansado y feliz. Un lugar como Miami podía hacer que la gente olvidara que ha vivido en el infierno, al menos por un tiempo. Algunos recuerdos permanecen enterrados hasta que sus feas cabezas asoman cuando menos lo esperamos. Por suerte aquel día permanecieron escondidos. Consideré tomar otro trago de ron, pero no quería darles a los visitantes una impresión equivocada.

Muchos de los amigos de Eva nos dieron tarjetas de 100 dólares. La jefa de Eva, una mujer de unos cincuenta años, bien vestida, nos dio la bienvenida a Estados Unidos y nos entregó a cada uno un sobre con 200 dólares. Nunca habíamos visto tanto dinero en nuestras vidas.

Después de que se alejó, le susurré a Roel:

—A este ritmo, pronto tendremos dinero para un automóvil.

Él asintió, aunque ninguno de los dos sabía el precio de un carro.

La celebración duró unas horas. Hubo risas, conversaciones simultáneas, bailes en el patio trasero y más comida de la que podíamos comer. Al final de la noche, le dimos las gracias a Eva y regresamos a nuestras habitaciones.

Eva había construido un pequeño apartamento de una habitación detrás de su casa. Su inquilino se había ido hacía poco y, en vez de alquilarlo de nuevo, lo reservó para Roel y para mí. También nos ayudó a conseguir trabajos como personal de mantenimiento. Pocas personas querían hacer ese tipo de trabajo, pero pagaban bien. Y lo mejor de todo es que nuestro jefe nos recogía todas las mañanas a las siete.

—Esto es temporal hasta que puedas ahorrar suficiente dinero para comprarte un carro —dijo Eva—. Entonces podrás encontrar un trabajo más adecuado. También te enseñaré a conducir. Las calles de Miami pueden ser un poco complicadas. Mucho tráfico.

Después de que Roel y yo recibimos los dos primeros cheques de nuestros trabajos, Eva comenzó a cobrarnos $500 al mes. Era una fortuna en Cuba, pero muy asequible en comparación con los estándares de Miami.

A medida que la vida se volvía más estable y rutinaria, me recordé a mí mismo de que todavía tenía asuntos pendientes. En casa de Eva había visto dos libros voluminosos que contenían números de teléfono. Las Páginas Amarillas enumeraban a las empresas y las Páginas Blancas a los individuos. Sin embargo, algunas personas pagaban para que sus números de teléfono no aparecieran en la lista.

Alicia no necesitaba esconderse de nadie. Esperaba poder encontrarla. Sin embargo, había un problema. No sabía si estaba casada.

En mi nuevo país, a diferencia de Cuba, muchas mujeres adoptaban el apellido de sus esposos tras casarse. ¿Permitiría que el apellido de su padre fuera reemplazado por el de su esposo? La mujer independiente e inteligente que yo conocía no lo permitiría. Por otra parte, el tiempo y las circunstancias cambian a las personas. Esperaba que no la cambiaran a ella.

Capítulo 30

Jorge Lago

Miami

Mientras continuaba la búsqueda de Alicia, recibí llamadas de mis amigos Tony y Carlos, el joven de dieciséis años que casi perdemos en el mar. Tony se estaba quedando con su familia en Tampa, Florida y trabajaba como camarero. Les enviaba comida a su esposa e hija de vez en cuando mientras ahorraba para tratar de sacarlas.

—Todo es muy caro—me dijo—. Y mi inglés no es muy bueno. No sé por dónde empezar.

—La comida en Miami y en Tampa es asequible en relación con los salarios. No se puede comparar con los precios en Cuba. ¿No encuentras trabajo como mecánico? Podrían pagarte más de lo que ganas.

—Estoy tratando de ahorrar dinero para obtener una certificación como mecánico de camiones diésel. Escuché que ahí está el dinero. Ser camarero me da flexibilidad para estudiar.

Quedé impresionado.

159

—Bueno, entonces, tienes un plan. No te desanimes. Al final, todo el mundo encuentra su camino.

—Espero que tengas razón. ¿Has sabido algo de Carlos? Lo último que supe es que estaba Miami.

—Sí, me llamó el otro día. Vive con una tía allí, está terminando la escuela secundaria y trabaja a tiempo parcial en una tienda de comestibles. ¡Qué buen muchacho! Está tratando de mantener sus calificaciones altas para postular a una beca académica. Quiere sacar a su mamá de Cuba algún día.

—Me alegro de que se mantenga en contacto contigo, el único de nuestro grupo con educación universitaria.

—Una educación universitaria no me está ayudando ahora—le dije.

—Claro que sí. Te ayuda a pensar y a analizar las cosas.

Me encogí de hombros.

Acordamos mantenernos en contacto, pero la vida en los Estados Unidos era muy diferente a la de Cuba, especialmente para los recién llegados como nosotros. No podíamos permitirnos perder el tiempo. Por otra parte, tal vez yo estaba perdiendo el tiempo buscando a Alicia. ¿Qué le iba a decir? ¿Qué ganaría ella con nuestra conversación? Aun así, tenía la obligación de hablarle de su hermano. De lo contrario, se pasaría la vida buscándolo.

Capítulo 30

Hice varias llamadas a algunas Alicia Acosta que encontré en las Páginas Blancas. Ninguna era la correcta. Se me estaban acabando las opciones. Temía que hubiera cambiado su apellido por el de su esposo. Estaba a punto de darme por vencido cuando decidí elegir un nombre más, uno con apellido en guion. Alicia Acosta-Fuego. Después de llamar a ese número, si no era ella, dejaría de buscar.

Un niño respondió en inglés:

—¡Hola!

Entonces, una mujer gritó en español.

—¿Cuántas veces te he dicho que no cojas el teléfono? ¡Dámelo ahora mismo!

—Lo siento—respondió el niño en inglés.

—Hola—dijo la mujer—. ¿Quién habla?

Exhalé.

—Mi nombre es Jorge Lago. Estoy buscando a Alicia Acosta.

—¿Jorge? ¿De Santa Fe?

—Sí. Ese mismo.

—¡Ay, Dios mío! ¿Desde dónde me llamas?

—De Miami. Así que te encontré.

—Así es, pero no entiendo. ¿Cómo llegaste aquí? ¿Cómo encontraste mi número de teléfono?

—Salí de Cuba en una balsa. Es una larga historia. Sin embargo, debemos encontrarnos. Hay cosas que preferiría no decir por teléfono. ¿Dónde y cuándo podríamos reunirnos? Parece que tienes las manos llenas.

—¿No las tenemos todos? Pero sí, quiero reunirme contigo. Le pediré a mi suegra que cuide a

161

mi hijo. ¿Podríamos vernos mañana por la mañana en Versailles?

—¿Eso es una cafetería? Sabes, no puedo...

—No te preocupes. Lo menos que puedo hacer es pagarte un café y unas tostadas. Me encantaría hablar contigo.

Capítulo 31

Jorge Lago

Miami

Mi prima Eva me dejó en Versailles treinta minutos antes de mi cita con Alicia. Podría haber caminado desde la casa, pero era un día húmedo y cálido y Eva no quería que oliera a sudor. También me sugirió que me untara un poco de colonia, lo cual me resultó absurdo. Alicia era una mujer casada. Nuestro tiempo había pasado, sin embargo, mis manos se humedecieron desde el momento en que llegué al restaurante.

—Somos dos, pero llegué treinta minutos antes—le expliqué al empleado en la entrada.

—Si desea, siéntese allí.

Señaló hacia un grupo de sillas. Después de sentarme, no sabía qué hacer conmigo mismo. Comparé mi ropa con las de otros clientes, pensando que tal vez no estaba bien vestido, pero usé el mejor atuendo que tenía: unos pitusas azules, un pulóver negro de cuello y un par de Adidas. Había adquirido estos artículos con el dinero que recibí durante la celebración de bienvenida. ¿Estaría mal vestido? ¿Notarían que era un balsero recién llegado? En realidad, no me importaba cómo me veía, así que respiré hondo. Necesitaba relajarme.

Seguí examinando a los clientes. Las mujeres mayores tenían las manos bien cuidadas y su cabello parecía sacado directamente de la peluquería. El maquillaje en sus rostros me parecía apropiado, de hecho, estaba seguro de que muchas eran mayores de lo que aparentaban. Frecuentemente consultaba mi barato reloj, el que compré por veinte dólares. Si iba a tener éxito en este nuevo país, tenía que llegar a tiempo, por lo que un reloj era una necesidad.

—¡Jorge!

Era una voz femenina. Una mujer bien vestida me saludaba en la entrada. Habían pasado más de seis años desde la última vez que la vi y se veía más hermosa de lo que recordaba, con las manos bien cuidadas y el pelo largo y rubio. En el momento en que la vi, salté de mi silla y ella se echó a reír. Contemplé sus ojos almendrados de color avellana y admiré sus rosados labios.

Fue un error venir aquí. Un gran error. Después de ponerme de pie, me quedé inmóvil, mientras ella hablaba con el *hostess* y luego se apresuraba hacia mí, sonriente, radiante como el sol del mediodía.

—Me alegra mucho verte —me dijo, abrazándome.

Los recuerdos retornaron rápidamente, aquellos atardeceres en la playa, tomados de la mano y contemplando la puesta de sol, mientras la brisa jugaba con su cabello. Recordé la calidez de sus besos.

—A mí también me alegra verte —respondí jugando con mis dedos.

—Un mesero los llevará a su mesa—dijo una joven vestida con un uniforme de camarera blanco y negro, mientras un joven nos mostraba el camino. Exhalé. Gracias a Dios el mesero llegó justo a tiempo.

Respiré hondo mientras caminábamos. Me concentré en el aroma del café recién colado y en el pan horneado untado de mantequilla derretida.

El camarero nos dio los menús.

—Sé lo que quiero—dijo Alicia. Luego, mirándome, añadió: —¿Te gustaría tener unos minutos para revisar el menú?

—No, ordenaré lo mismo que tú.

El camarero escribió el pedido y se alejó. Alicia había ordenado dos *cafés con leche*, tostadas con mantequilla y huevos fritos.

—Entonces, ponme al día—dijo mientras, a nuestro alrededor, se escuchaba el sonido de los cubiertos.

—Es que... no sé por dónde empezar —dije como si se me hubiera olvidado hablar.

—Empieza por el principio.

—Deberías ir tú primero.

—Sigues siendo un caballero. Pues, muy bien.

Se detuvo un momento y apretó los labios, mientras evadía mi mirada. Entonces, nuestras miradas se volvieron a encontrar. Al principio, sus palabras sonaron apresuradas.

—Me casé y tengo un varoncito.

—El niño que contestó el teléfono.

—Sí.

—¿Y tu esposo es un buen hombre? ¿Te trata bien?

Ella asintió.

—He sido más afortunada que la mayoría de las mujeres que conozco —su tono era ahora suave y hablaba más lento que antes—. Lo conocí a través de un amigo. Su mamá es albanesa y tiene abuelos ingleses. Su esposa murió después de una larga enfermedad. Mi esposo es diez años mayor que yo, pero un buen proveedor. Es dueño de un negocio de muebles.

—¿Eres feliz? —le pregunté por preguntar algo. Pero yo sabía la respuesta.

—Lo soy. Entonces, ahora cuéntame sobre ti.

—No sé cómo seguir lo que me has dicho.

—¿Qué pasó después de que me fui?

No pude decirle lo que realmente sucedió, lo herido que estaba, la manera en que mi vida había quedado en suspenso y lo difícil que fue permanecer en un lugar donde el tiempo se había detenido. Pero me alegré de que le hubiera ido bien. Como parte de mi diatriba, tendría que contarle lo que le sucedió a su hermano. Esa era la razón principal de nuestro encuentro, pero me parecía demasiado pronto.

Capítulo 31

Le conté sobre mi tiempo en la prisión, mi empresa ilegal de Ron Jorgito, los días construyendo una balsa y luego lo que sucedió en el mar.

—¡Mi hermano también se fue en una balsa! —dijo ella, feliz y despreocupada—. Todavía no hemos sabido nada de él, pero es ingenioso. Estoy segura de que pronto encontrará la manera de comunicarse conmigo. ¡Estoy ansiosa de abrazarlo!

Parecía tan segura de que lo volvería a ver que casi cambié de opinión. Luego coloqué las manos en el regazo y cerré los puños. Debía decírselo, pero no era el momento.

—¿Qué más pasó?

Su voz seguía siendo agradable y tranquila.

Hablamos un largo rato, tomando pequeños descansos para disfrutar del delicioso desayuno. Mientras examinaba mi entorno, decidí que no podía darle la noticia aquí, no en este lugar tan concurrido. Debía esperar.

Me sentí avergonzado cuando, al final del desayuno, ella pagó.

—Déjame ayudarte con la cuenta —le dije.

—No te preocupes. Nos va bien, gracias a Dios. Entonces dime, ¿qué era lo que necesitabas decirme? Parecía algo importante.

La miré. Una vez más, me sentí nervioso. Me acomodé en mi asiento, pero no me sirvió de nada. Luego, volví a mirar alrededor del salón y evité el contacto visual con ella cuando respondí:

—Este lugar está muy lleno. Tal vez deberíamos hablar al aire libre.

—Me estás poniendo nerviosa.

Capítulo 31

No dije nada.

— ¿Viniste en carro? —preguntó.

—Mi prima Eva me trajo.

—Entonces, dame tu dirección. Te llevaré a casa y así podemos hablar.

Su amabilidad no facilitaba las cosas. Nos sentamos dentro de su BMW de cuatro puertas y lo arrancó. No podía decírselo mientras conducía.

—¿Te importaría apagarlo? Es mejor que te lo diga aquí.

Apagó el carro.

—Me estás asustando. ¿Qué pasó?

Enterré la barbilla en el pecho.

—Por favor, mírame y dime qué pasó.

Su tono había cambiado.

—Mi hermano se fue de Cuba después que yo —le dije—. Después de varios intentos, tu hermano se fue con él.

—¿Y tu hermano llegó? —preguntó ella.

Asentí con la cabeza.

—Entonces, ¿sabes dónde está mi hermano?

Su expresión se iluminó por un momento. Esta vez, asentí sin mirarla.

—¡Por favor, dime que está bien!

Sentí como si una nube negra se hubiera movido frente al sol. Hice un gesto negativo con la cabeza.

—Ojalá pudiera —respondí y cerré los ojos por un momento.

Las emociones rodaron por su rostro. Entonces empezó a sollozar.

Capítulo 31

—Ay, Dios, ¡no! Mi hermanito, no.

Su tristeza me rompía por dentro. No sabía qué hacer ni cómo consolarla. Dejé que llorara, recordando mi entumecimiento cuando pensé que Roel estaba muerto.

—¿Qué pasó? —se esforzó por decir con la voz entrecortada.

—Vino una tormenta. Se cayó de la balsa en plena madrugada. Las olas eran demasiado altas y no había visibilidad. Lo siento mucho. Yo... Pensé que necesitabas saberlo.

Su alegría anterior había desaparecido y un sentimiento de culpabilidad me invadió. ¿Cometí un error al venir aquí? Tal vez esperar un milagro era mejor que esto. Había destruido su esperanza.

Ella me miró con los ojos llenos de lágrimas, —Jorge, por favor dime que esto no es cierto. ¡Dime que esta no es tu forma de vengarte de mí por haberte dejado!

Sus palabras me sorprendieron e hirieron. ¿Cómo podía pensar tal cosa? Pero no era el momento de reprocharle. Nuestras miradas se encontraron cuando respondí.

—Sabes que nunca haría una cosa así.

—Lo siento. No fue mi intención... Dios mío. ¿Cómo se lo diré a mi madre? Piensa que él todavía está en Guantánamo y que llegará en cualquier momento. Tal vez eso es lo que ambas queríamos creer.

Nos quedamos allí un rato hasta que sus lágrimas dejaron de caer.

—Debería regresar a casa a pie —le dije.

Capítulo 31

Ella movió la cabeza de lado a lado.

—Te llevaré. Hiciste lo que creíste necesario. Pensabas que necesitaba un cierre.

No respondí. Sin decir nada más, encendió el motor de nuevo y me llevó a casa.

Capítulo 32

Jorge Lago

Miami

Mientras trabajaba en mantenimiento, hice todas las conexiones personales que pude. Ganaba buen dinero y no tenía muchos gastos.

Eva insistió en que necesitaba rehacer mi vida y trató, sin éxito, de ponerme en contacto con un par de amigas. Una de ellas era de padres cubanos, tenía veinticinco años y había vivido en Miami toda su vida. Pero estaba acostumbrada a una vida que no podía darle. La otra estaba divorciada y sus padres procedían de Kentucky. Era divertida y le encantaba beber ron, como yo. Sin embargo, no veía futuro en una relación con ella.

Dos años después de mi llegada, unos días antes de Halloween, mi teléfono sonó después de las diez de la noche. Para entonces, vivía solo, ya que Roel se había mudado para casa de su novia. ¿Y si fuera él quien tuviera una emergencia? Mis amigos sabían que no debían llamar tan tarde. Si tan solo hubiera tenido un identificador de llamadas. Sin embargo, era demasiado ahorrativo para pagar ese servicio adicional. Me sentí obligado a responder.

Capítulo 32

Levanté el auricular.

—¡Hola!

—Jorge, perdóname por llamarte tan tarde. Soy yo, Andrés.

—¿Está todo bien?

—Mira, te llamo desde Raleigh, Carolina del Norte. Vivo aquí ahora.

—¿Es por eso por lo que me llamas? ¿Para decirme que te has mudado?

—¡Por supuesto que no! Tú me conoces mejor que eso. Es solo que una de mis amigas, una mujer que conocí cuando estaba en Panamá, necesita ayuda. La última vez que hablamos, mencionaste que Roel se iba a mudar.

—Se mudó, pero solo tengo un dormitorio.

—Puede dormir en el sofá. Está desesperada.

No supe qué decir.

—¿Quién es ella?

—Su nombre es Mayda. Tiene veinte y cinco y un hijo de cinco años.

Mis ojos se abrieron de par en par.

—¡Espera, espera! Oye, hermano, sabes que te quiero, pero no puedes hacerme esto.

—¿Ni siquiera por unos días? ¿Hasta que pueda encontrar una solución?

—¿Solución a qué?

—Vivía con una amiga que conoció en el campamento, pero su amiga necesita la habitación para otro pariente.

Inhalé. No necesitaba complicaciones en mi vida.

Capítulo 32

—Hay algo más—dijo Andrés.

—¿Qué? ¿Necesita espacio para dos perros y tres gatos también?

Andrés se echó a reír. —Veo que estás desarrollando un buen sentido del humor.

—Es frustración más que nada.

—Mira. Si no fuera por lo que sé de su vida... Ha pasado tanto.

—Igual que todos —dije.

—No entiendes. Necesitas saber qué le pasó, ya que nunca te hablé de ella.

—¡No necesito saber nada!

—¡Creo que sí! Por favor, déjame explicarte.

Mortificado, permanecí en silencio.

—Su hermana era una balsera como nosotros. Su grupo se quedó sin comida en el mar. Cuando llegaron los americanos y ella estaba entregándole su hija a un oficial, su bebé se le resbaló....

Hice un gesto negativo con la cabeza. No quería oír el resto.

—Después de que el bebé desapareció, la madre miró a su hermana y se arrojó al mar. Esta mujer, Mayda, necesita ayuda. ¡No tiene a nadie! Sé que tienes un buen corazón.

—Entonces, no solo me estás pidiendo que traiga a una extraña y a su hijo a mi vida, sino también a alguien que está completamente rota y sin remedio.

Debo haberle parecido cruel, pero fue su historia lo que me enfureció. No estaba enojado con la mujer que necesitaba mi ayuda, sino con las circunstancias que la habían llevado hasta mí.

—A veces las personas necesitan que se les abra una puerta, alguien les diga que no están solas.

Permanecí en silencio.

—Tengo que ir a trabajar mañana. Esto no está bien de tu parte. No soy un santo, soy solo un hombre que intenta sacar a su familia de Cuba.

—No te llamaría si hubiera otra solución.

Exhalé.

—Mira, no sé. Esta es una decisión muy difícil. Necesito pensar y hablar con mi prima, ya que no quiero aprovecharme de su generosidad. ¿Cuándo tendrá que mudarse?

—En dos días.

—¡Dos días! Increíble. Mejor que me vaya a dormir ahora. Lo pensaré.

—Por favor, anota mi nuevo número y no te olvides de llamarme mañana mismo. No sé qué más hacer.

Agarré un pedazo de papel y escribí su número.

—Entonces, es una llamada de larga distancia—noté.

—Llámame y yo pago la llamada, pero por favor llámame. ¿Me lo prometes?

—No sé si pueda hacer esto.

—Vete a dormir y tal vez mañana cambies de opinión. Ella tiene un trabajo cerca de donde vives. Su hijo va a la escuela y califica para el desayuno y el almuerzo gratis. Puedo enviarte algo de dinero si quieres. No mucho porque todavía estoy tratando de sacar a mi hija.

—No necesito tu dinero.

—Llámame, ¿de acuerdo?

Colgué y me quedé en el sofá, mirando el televisor apagado.

Capítulo 33

Jorge Lago

Miami

La mañana siguiente de hablar con Andrés, Eva tocó a mi puerta a las 6 a.m. para invitarme a desayunar con su esposo, Tom, y con mi tía, Maritza. Era el sexagésimo quinto cumpleaños de mi tía y Eva y Tom querían hacer algo especial.

—Sé que te vas alrededor de las 7:30 a.m. A mamá le encantaría que te reunieras con nosotros en casa. Le encanta tener a su familia cerca, pero ahora, con mi hija en la universidad, a veces se pone triste.

No planeaba desayunar mucho, solamente café con leche y pan tostado con mantequilla, pero Eva me dijo que tenían un buen surtido de golosinas: pasteles de guayaba, queso y carne, croquetas de pollo y un pan de guayaba y queso con las letras 'feliz cumpleaños'.

—¿No tienen un cake? —le pregunté.

—Es demasiado temprano. Además, mami necesita cuidar su nivel de azúcar. Déjame llamarla que ya está vestida. Hasta dio su paseo matutino.

Caminamos hacia su casa, y cuando entré, Tom, vestido con una camisa blanca de manga larga, una corbata azul a rayas y pantalones azules me dio la mano. A diferencia de mí, parecía descansado y olía a colonia.

—Eva, mientras vas a buscar a tu mamá, yo serviré el café con leche—dijo Tom.

Me ofrecí a ayudarlo, pero él rechazó mi ayuda, insistiendo en que yo era su invitado.

Tom era un buen hombre. Trabajaba como director de auditoría interna en un hospital. Aunque no le gustaba estar al aire libre como a mí, mis aventuras por la isla lo intrigaban. A pesar de lo interesado que estaba en enterarme de mis viajes exploratorios, yo no tenía interés alguno en escuchar sus largas diatribas sobre sus hallazgos durante sus auditorías ni en sus explicaciones detalladas sobre cómo descubría algún otro fraude.

A pesar de las diferencias entre Tom y yo, si alguna vez tuviera un hijo, quería que se pareciera más a él. Era un buen esposo y padre, refinado, inteligente y cariñoso. Sin embargo, de la forma en que iba mi vida, las posibilidades de tener una esposa y, mucho menos, una familia, se evaporaban como gotas de agua en los meses de verano de Miami.

A diferencia de lo que hubiera esperado a esta hora, la celebración de cumpleaños fue animada y divertida. Es increíble lo que una o dos tazas de café con leche humeante y un par de deliciosos pasteles pueden hacer para desenterrar la felicidad. A pesar de lo cansado y preocupado que estaba, me encontré riéndome a carcajadas ante las exageraciones y observaciones de mi tía.

—Te garantizo que el vecino que se mudó al apartamento de al lado es comunista. Nunca se puede ser demasiado cuidadoso. No estamos evaluando lo suficiente a las personas que entran a este país. Ahora, hasta me encuentro susurrando en mi propia casa y nunca pensé que llegaría este día...

Eva interrumpió y arqueó las cejas.

—Mami, ¿por qué piensas eso?

—¡La forma en que me mira! Ustedes, jóvenes, no han vivido lo que yo viví. Bueno, estoy segura de que tu primo me entiende. ¿Por qué crees que arriesgó su vida de la manera en que lo hizo? Debes mantener los ojos abiertos. ¿No crees que Castro envió a espías aquí durante el éxodo del Mariel?

Me reí, no porque no estuviera de acuerdo con ella, sino por la forma en que lo dijo, abriendo mucho los ojos y haciendo gestos exagerados con las manos.

—Todo es posible—respondí.

Maritza asintió con la cabeza. —¡Exactamente!

Luego, mi mente volvió a mi conversación con Andrés de la noche anterior. Eva debió haber notado el cambio en mi expresión, en mi mirada preocupada y ausente.

—Jorge, ¿está todo bien?

—La verdad es que no.

—¿Qué pasa?

—No creo que este sea el momento de hablar de ello.

—¡Por supuesto que lo es! —dijo Maritza.

Apreté los labios. Entonces les conté lo que había pasado, mientras los tres me escuchaban atentamente. Al final, Eva fue la primera en hablar.

—Entonces, ¿cuál es el problema? Deja que la mujer y su hijo se queden contigo. Tienes un sofá cama de tamaño completo. Ella y su hijo pueden dormir allí.

—Pero yo no la conozco.

—Solo será por unos días. Tal vez, uno o dos meses. Así puede ahorrar dinero para un depósito y el alquiler. Extraño escuchar la sonrisa de un niño en la casa—dijo Eva.

Maritza sonrió con satisfacción. —¡Y no se olviden! Estoy jubilada, por si acaso alguien necesita una abuela con experiencia.

—Entonces, está decidido—respondió Eva.

Me encogí de hombros.

—Está bien, le diré a Andrés que solo puede quedarse aquí dos meses. Necesita encontrar una alternativa después de eso.

Capítulo 34

Jorge Lago

Miami

Mayda llegó a la casa de Eva y Tom con su hijito y dos bolsas de lona de tamaño mediano: una colgada del hombro y la otra en la mano.

Antes de entrar, se inclinó hacia el niño y le susurró: —¡Pórtate bien! No toques nada.

El niño asintió.

— Déjame llevar tus bolsas —se ofreció Tom antes de que yo lo hiciera.

—Las llevaré yo, Tom —respondí.

Siguieron las breves y amistosas introducciones. Si Mayda hubiera estado en Cuba, nos habría abrazado y besado a todos, pero después de vivir en Miami durante dos años, actuaba con cautela. Nos extendió la mano a Tom y a mí y le dio un tímido abrazo a las mujeres. No sabía que nuestra familia todavía se aferraba a la tradición de besar y abrazar a los visitantes.

Mayda y el niño se sentaron en el *loveseat*, un sofá de dos plazas. Como una tía cariñosa, Maritza se paró frente a Mayda, le agarró las manos y le dijo mirándola a los ojos:

Capítulo 34

—No debes avergonzarte de necesitar ayuda, cariño. Todos la hemos necesitado de vez en cuando.

Los ojos de Mayda se llenaron de lágrimas.

—Eso es lo más dulce que alguien me ha dicho desde la última vez que vi a mi madre.

Maritza estaba llena de preguntas.

—Y ella ¿dónde está?

– En Cuba.

—¿Y el padre del niño?

La expresión de Mayda se volvió sombría mientras asentía con la cabeza.

—Oh...

—Mami, dejemos de hacerle preguntas — le dijo mi prima Eva a su madre.

—Está bien que las haga—dijo Mayda—. No deben dejar entrar a una extraña en su casa sin saber nada de ella.

Eva respiró hondo y, mortificada, miró hacia su madre.

—Les diré lo que pueda —afirmó Mayda mirando brevemente a su hijo—. Seguro que me entienden.

Maritza asintió.

—Deben de haber sabido lo que le sucedió a mi hermana y a su bebé.

—Qué incidente tan lamentable—continuó Maritza adueñándose del diálogo.

Eva respondió con una pasión inusitada. Hasta entonces, yo había pensado que ella no entendía lo que estaba sucediendo en la isla, ni por qué gente como yo hacía lo que hicimos nosotros, los balseros.

—Es mucho más que lamentable, Mami. Es trágico. Otra de las víctimas de Castro. ¿Cuántos años más va a permanecer en la isla? Si Cuba fuera libre, los Estados Unidos invertiría en la isla como lo hizo después de la Guerra de Independencia. Sin embargo, los Estados Unidos no puede volver a invertir después de que Castro se adueñó de las empresas estadounidenses al llegar al poder. Este no es un concepto difícil de entender.

—Algunas personas culpan al embargo por lo que sucede hoy— dijo Maritza.

—El embargo no impide que las medicinas y los alimentos vayan a la isla, ni que otras naciones inviertan allí. Algunas lo han hecho, pero hay otros motivos. El gobierno es el principal empleador. Cuando la gente no le ve un fin a la situación, cuando el gobierno controla todos los aspectos de sus vidas y aquellos en el poder se alimentan bien, pero no el pueblo, la gente se defrauda y pierde las esperanzas.

Eva hizo una pausa y giró la cabeza hacia Mayda.

—Lo siento. Me enfado mucho cuando me entero de estas cosas. Por favor, solo comparte lo que te sientas cómoda en compartir. Tenemos un apartamento en la parte trasera. Solo tiene una habitación donde duerme mi primo, pero tú y el niño se pueden quedar en el sofá cama.

—Como le expliqué a Jorge, el sofá es todo lo que necesitaríamos.

Capítulo 34

Me sentí muy mal. No podía permitir que esta madre durmiera en el sofá y yo, cómodamente, en una cama de matrimonio.

—Me quedaré en el sofá —dije.

—No, no tienes por qué hacerlo —añadió Mayda.

—Insisto.

Nos siguió contando sobre sí misma. Era licenciada en Ciencias Naturales por la Universidad de La Habana. Fue profesora en Cuba y había enviudado. La única hermana... Bueno, todos sabíamos lo que le había pasado. Su esposo, el padre del niño, murió en el mar. Se había ido después que ella. El gobierno lo había metido en la cárcel por razones que no merecían aquella condena. Fue acusado de ser contrarrevolucionario por haber invitado a unos turistas a almorzar en su casa. Era su taxista y los turistas le pagaron para vivir una experiencia 'verdaderamente cubana'.

—Por supuesto —dijo Mayda—. No podíamos alimentarlos con los pocos alimentos que comíamos. Nos pagaron adecuadamente, así que compramos pollo en el mercado negro. Estoy segura de que estaba poco sazonado y no era suficiente, pero no se quejaron. De todos modos, estoy divagando.

—Tengo entendido que trabajas cerca —dijo Maritza.

—Sí, en un restaurante, como camarera. Alguien me regaló una grabadora, algunos casetes y un libro con lecciones de inglés. Estudio mucho

183

todas las noches después de que mi hijo se va a dormir.

Cuanto más escuchaba hablar a esta mujer, más me daba cuenta de lo poco que sabía de la vida. Mi abuela solía decirme que un hombre no maduraba completamente hasta que le suceden tres cosas: se convierte en esposo, se hace padre y pierde a uno o a ambos de sus padres.

Llevaba dos años en este país. Tenía treinta y dos años, pero mi encuentro con Mayda me enseñó que había mucho por aprender sobre la vida.

Capítulo 35

Jorge Lago

Miami

En una noche, Andrés había puesto mi vida patas arriba, y no sabía hasta qué punto. Mayda trabajaba día y noche. Insistió en limpiar el apartamento ella misma y en mantenerlo organizado.

—Es lo menos que puedo hacer—me dijo.

Alguien en el trabajo le dio una pequeña olla eléctrica para arroz y una sartén, y ella preparaba platos sencillos para los tres. Esto hizo feliz a Eva porque ya no tenía que preocuparse por mí. Aunque nunca le dije que cocinar era uno de mis secretos. Claro que el cocinar para una persona no era nada divertido, para tres era mucho mejor.

Un día, sorprendí a Mayda con arroz amarillo, pimientos rojos, pollo, plátanos fritos y aguacate.

Llegó a casa después del trabajo con su hijo Luisito, un niño de ojos grandes y el pelo oscuro peinado hacia atrás. Luisito vino corriendo hacia mí, y me abrazó en el momento en que me vio.

—Te extrañé—dijo.

La expresión de Mayda se transformó.

Capítulo 35

—Lo siento —dijo ella—. Los niños necesitan una figura paterna en sus vidas y le caes bien. ¿Y qué es ese olor tan rico? ¿Cocinaste?

Me froté las manos.

—¡Sí! Es mi arma secreta. Así que ustedes dos vayan a lavarse las manos y prepárense para el festín de sus vidas.

Mayda se echó a reír. Tenía una sonrisa bonita y genuina. Luisito corrió al baño para lavarse las manos.

—Estás creando un monstruo—dijo ella—. ¿Sabes lo que me dijo? Que te gustaba la jardinería y que quieres plantar tomates frente al apartamento.

—¿Sabías que yo tenía un invernadero en Cuba? Pero he estado tan concentrado en ahorrar dinero para sacar a mi familia de Cuba y mejorar mi inglés que la jardinería tuvo que esperar.

—¿Y por qué ahora?

—Es más divertido hacer jardinería con un voluntario. Luisito quería que le enseñara sobre las plantas.

—¿De veras? No le importan cuando se lo digo, pero ahora quiere que tú le enseñes. Increíble.

Me sonreí.

—¿Qué puedo decirte? Es mi personalidad.

—En solo tres meses has logrado transformarlo y no puedo agradecerte lo suficiente. Pero no te preocupes. Estoy ahorrando dinero para rentar otro lugar.

Capítulo 35

—No hay prisa, ¿sabes? —respondí—. Puedes quedarte aquí todo el tiempo que quieras. No ves a ninguna mujer llamando a mi puerta. Además, no soy nada especial.

—Lamento ser tan directa, pero sí eres especial. Tienes un buen corazón. Cualquier mujer sería afortunada de tenerla en su vida.

—Veremos si cambias de opinión después de probar mi comida.

Mayda abrió mucho los ojos mientras sonreía.

—Si sabe tan bien como huele, no creo que cambie de opinión.

Nuestra cena fue animada y me encantó ver sus expresiones mientras comían.

—¡Guau! Esto es celestial. Me da vergüenza —dijo Mayda.

—¿Por qué?

—Porque eres mejor cocinero que yo.

—Verdad que sí, mamá. No hay comparación. Cocina como un chef.

—¿Qué sabes de los chefs?

—Trabajas con uno que cocina como Jorge, pero a mí me gusta más la comida de Jorge.

Nos reímos. Pero en el fondo, estaba preocupado. No quería acercarme tanto a esta mujer ni a su hijo. ¿Qué pasaría si nuestros caminos nos llevaran en direcciones diferentes?

Capítulo 36

Andrés Gómez

La Habana

Corría el año 1999. Habían pasado cinco años desde que salí de Cuba y no había podido sacar a mi familia, aunque con mi nuevo estatus de residente de los Estados Unidos, podía ir de visita a la isla. Pero ¿quién, en su sano juicio, regresaría? Mi responsabilidad hacia mi familia competía con mi temor de regresar. Sin embargo, no me quedaba otra opción. Jessica ya tenía ocho años y yo no podía esperar más.

Mis manos se humedecieron desde el momento en que me senté en el avión. El primer vuelo me llevó a Miami y el segundo de Miami a La Habana. En el último vuelo, la gente a mi alrededor parecía tan nerviosa como yo. Algunos entablaron conversaciones con los demás pasajeros y otros, como yo, permanecieron sumidos en sus pensamientos.

Cuando la funcionaria del aeropuerto de La Habana registró mis maletas, la ropa, el café y la leche que le llevaba a mi familia, mi ansiedad alcanzó un nuevo nivel. La mujer me miró con recelo. Tragué en seco y forcé una sonrisa, pero no me la devolvió; sacó todas las prendas y examinó un bonito vestido que mi prima me había regalado para mi hija. Era rosado con perlitas.

—Es para mi niña Jessica—le expliqué—. No la he visto en cinco años.

Pensé que darle su nombre a la oficial provocaría su compasión, pero parecía inmune. Para ella yo representaba el enemigo. Suspiré aliviado cuando logré irme con todas mis pertenencias y me di cuenta de que era uno de los afortunados.

Cuando el taxi me llevó desde el aeropuerto a casa, mis ojos se fijaron en las calles: en el anciano que regresaba de la bodega con una bolsa de papel, en la gente que hacía cola en la bodega de una esquina, en los niños que jugaban en los parques y en los hombres y mujeres bronceados montando bicicleta.

Las zonas turísticas estaban recién pintadas. Sin embargo, los barrios de La Habana seguían deteriorándose como pares de zapatos viejos. Luego, leí las consignas socialistas a lo largo de las calles habaneras, algunas en las paredes escritas a mano, otras en vallas publicitarias: Revolución; La revolución es unidad; Viva la Revolución. Había fotos del Che Guevara y de Fidel Castro, recordatorios constantes de que nada había cambiado en cinco años.

En el momento en que el taxi se estacionó frente a mi casa en Cienfuegos, mis familiares se apresuraron al portal delantero. Primero vi a mi hija. Se veía tan crecida que ahora usaba espejuelos. En el momento en que nuestras miradas se encontraron, ella no esperó por los demás y corrió hacia mí con los brazos abiertos, gritando:

—¡Papi!

Dejé mi equipaje en la acera y la abracé. Los dos lloramos. No pude contenerme. Ni delante de mis padres, ni de mi prima Marta, ni de mi esposa. Ni siquiera cuando los vecinos empezaron a reunirse a nuestro alrededor para darme la bienvenida.

—Te extrañé mucho, papi —dijo Jessica, cubriéndome de besos.

—Yo también a ti, mi princesa.

Besé sus mejillas y su cabeza.

Mis padres fueron los siguientes. Mami permitió que mi padre me saludara primero. Asentí con la cabeza en señal de agradecimiento. Se lo debía.

—Viejo —le dije.

Era un término cariñoso, que denotaba respeto. Todavía vivía una vida de dolor. Lo notaba en su forma de caminar y en cómo se le encogió el rostro cuando lo abracé.

—Lo siento. Me olvidé de tu espalda.

—No te preocupes por eso ahora. Me alegro de que estés en casa, hijo.

—Te extrañé mucho, mi viejo.

Se rio entre dientes.

—Y tu madre y yo... No te puedes imaginar cuántas veces soñé con este momento.

Su voz se quebró, mientras sus ojos se humedecían. Luego, sin perder la compostura, me dio unas palmaditas en la espalda, dio un paso atrás y permitió que mi madre se acercara a mí.

—Ella lo necesitaba tanto como yo —dijo.

La miré y ella abrió los brazos hacia mí. Me miró como solo una madre podría hacerlo, con el amor brotándole de los ojos y de su alma. Extrañaba tanto a mi madre que su abrazo me llenó de paz. Seguía siendo la roca de la familia, la roca de mi padre, una mujer como ninguna otra.

Mi esposa y mi primo fueron los siguientes. Luego, los vecinos.

Cuando entré a la casa, sentí como si se hubiera vuelto más pequeña de lo que recordaba. Me había convertido en un extraño en mi propia casa.

Pasé unos días en casa y dejé todo mi equipaje, hasta mi ropa. Mi padre la necesitaba más que yo. Todo el tiempo que estuve en casa, pensé en el vuelo de regreso. ¿Se me permitiría irme? Aunque tenía mi residencia en los Estados Unidos, no era ciudadano. Cualquier cosa podía pasar.

Estaba enojado conmigo mismo por pensar en irme cuando toda mi vida estaba frente a mí.

—¿Cuánto tiempo más, Papi? —me preguntó mi hija con una madurez que no había visto antes.

—Un poco más, mi amor —le prometí—. Mi abogado está trabajando duro para sacarlos. No me detendré hasta que estés a mi lado. ¿Me crees?

—¡Claro que sí! —dijo ella con una sonrisa entusiasta.

Capítulo 36

Mi esposa me miró con admiración. Pero había algo más en su mirada, algo que no sabría descifrar hasta después.

—Pase lo que pase, te sacaré—le dije a mi esposa.

—Sé que lo harás —respondió ella.

Se lo debía. Había sido una gran madre para nuestra hija. Jessica era una buena niña, la mejor hija que cualquier padre pudiera desear.

Capítulo 37

Andrés Gómez

Cienfuegos

Nunca me habían gustado las despedidas, pero, esta vez, no pude evitar la obligación de despedirme de mis padres. Mi esposa tenía razón. La soledad cambia al hombre. Ya no era el mismo que cuando salí de Cuba por primera vez. Entendía, más que nunca, que el futuro de mi familia dependía únicamente de mí y que no los defraudaría.

Abracé a cada miembro de mi familia como si fuera mi último adiós. No sabía si podría regresar, ya que los viajes eran caros y debía gastar el dinero con los abogados encargados de los trámites de salida.

Gracias a las enseñanzas de mi padre, trabajaba en una joyería en North Carolina, unas veinte horas a la semana, y otras cuarenta horas en mi negocio de limpieza comercial. Ganaba buen dinero, pero tenía que pagar el alquiler de mi casita, el agua, la electricidad, el teléfono, los alimentos y la letra del carro, un gasto esencial en los Estados Unidos.

Capítulo 37

Cuando el auto comenzó a moverse por las calles de mi barrio, una vez más me despedí, en mi mente, de mi familia y de mi vecindario. Había dejado a todos en el portal. Mi hija se colocó entre mi esposa y mi madre. Mi esposa le acariciaba su larga cabellera, mientras la mano de mi madre reposaba sobre su hombro. Mi mundo entero se había quedado en aquel viejo y despintado portal.

Antes de que pudiera sentir lástima por mí mismo, me concentré en el obstáculo que se avecinaba: el aeropuerto.

Al llegar mi turno, le entregué mis papeles al oficial. Los revisó y me miró con recelo. Contuve la respiración por un momento, tratando de mantener la calma. Mi vida entera estaba en sus manos y él lo sabía. Examinó lentamente mis documentos, como si disfrutara del poder que su posición le otorgaba, y me miró en dos o tres ocasiones.

—¿Cuál es tu destino final?

—Carolina del Norte. Mi familia vive allí.

—¿Y a quién visitaste aquí?

—Mi hija, mi esposa y mis padres.

Volvió a echarles un vistazo a los papeles. Me mantuve en silencio. ¿Por qué tardaba tanto? ¿Qué planeaba hacer?

Después de una larga espera, me devolvió los papeles y me dejó pasar.

Capítulo 38

Andrés Gómez

Carolina del Norte

Dos años después de mi visita a Cuba, mi esposa e hija al fin pudieron viajar a los Estados Unidos. Aquel día, lleno de felicidad, fui al aeropuerto de Miami para recibirlas.

Habían pasado más de siete años desde mi salida inicial de Cuba y mi hija ahora tenía diez. En su equipaje, traía todas las cartas que yo le había enviado desde Panamá y Guantánamo. Me dijo que era su posesión más preciada.

—Gracias por criar a una hija tan buena— le dije a mi esposa, mientras agarraba el equipaje.

Había algo en la forma en que ella me miró, y me pregunté si estaría resentida conmigo por no haberla sacado antes. Sin embargo, me constaba que había hecho todo lo posible. También le envié dinero, pero entendía que no era suficiente. Una pareja necesitaba mucho más.

—¿Y adivina lo que te compré, Jessica? —le pregunté a mi hija.

Ella sonrió.

—No me digas que compraste otra muñeca.

Le había traído una muñeca dos años antes, durante mi visita, sin darme cuenta de que había madurado más allá de su edad.

—Esta vez no es una muñeca —le dije y le entregué una bolsa.

Sus ojos se abrieron de par en par.

—¡Barras de chocolate Hershey!

No había nada mejor para un niño cubano que el chocolate, un lujo en la isla. Colocó sus brazos alrededor de mi cuello y casi me hace perder el equilibrio.

—¡Perdona, papi! Tú, con todo el equipaje encima, y yo, abrazándote. Casi te tumbo al suelo. ¡Pero es que hacía tanto tiempo que no comía chocolate!

La unión de mi familia no duraría mucho. Poco después de nuestro regreso a North Carolina, la vida de mi esposa tomó un rumbo diferente al mío. Nuestra relación se había convertido en otra víctima del exilio, y eso me entristeció, sobre todo por mi hija. Tal vez no me di cuenta de que mi vida en los Estados Unidos se había acelerado mucho más que el que tenía para ella. Se vio estancada, con una hija pequeña y sin su pareja, en un país que nunca se recuperó del todo del Período Especial. Todavía era una mujer joven. No se mereció aquellos siete años de castigo, esperándome sin saber hasta cuándo.

Le había fallado a mi esposa y, al hacerlo, le fallé a mi hija. Jessica nunca me dijo nada, pero pude ver su decepción cuando su madre y yo nos separamos. Todos los niños desean ver a sus padres juntos. Es natural, especialmente para alguien como Jessica, que tuvo que soportar tanto, pero mi hija me demostró su madurez una y otra vez. Estudiaba mucho y no dejaba que nuestra separación cambiara lo que sentía por ninguno de los dos. Entendía que pasara lo que pasara, seguíamos siendo sus padres y nada cambiaría eso.

Unos meses después de mi divorcio, a través de mis amigos en North Carolina, conocí a la mujer que se convertiría en mi segunda esposa. Era de Cienfuegos. Llegó de Cuba en 1999 tras ganar la lotería de visas de ese año. ¡Qué mujer tan afortunada! Después de llegar a Raleigh, North Carolina, se mudó con sus amigos. Así fue como nos conocimos, cuando yo visitaba a amistades que teníamos en común.

Yarelys era bonita y menuda, con el pelo largo y oscuro y ojos oscuros. Pero fue su bondad la que me conquistó. No podía elegir a cualquier mujer, sino a alguien que también pudiera ser una segunda madre para mi hija.

Nos casamos en 2003 en una sencilla ceremonia. Vivíamos una vida sin complicaciones, disfrutando de caminatas por los parques, viajando a destinos populares en North Carolina, como el Castillo Biltmore, la tranquila ciudad de Ashville y el Salón de la Fama de NASCAR. También nos gustaba ir al cine y pasar tiempo con familiares y amigos.

En 2004, mi esposa Yarelys, entonces embarazada de mi segunda hija, nos acompañó a

Jessica y a mí a la ceremonia de ciudadanía. Allí, declaré con orgullo mi lealtad al país que me abrió sus brazos.

—*Por la presente declaro, bajo juramento, que renuncio absoluta y enteramente y abjuro de toda lealtad y fidelidad a cualquier príncipe, potentado, estado o soberanía extranjera, de quien o de los que hasta ahora he sido súbdito o ciudadano; que apoyaré y defenderé la Constitución y las leyes de los Estados Unidos de América contra todos los enemigos, extranjeros y nacionales; que tendré verdadera fe y lealtad a la misma; que tomaré las armas en nombre de los Estados Unidos cuando lo exija la ley; que realizaré servicio no combatiente en las Fuerzas Armadas de los Estados Unidos cuando lo exija la ley; que realizaré trabajos de importancia nacional bajo dirección civil cuando así lo exija la ley; y que asumo esta obligación libremente, sin ninguna reserva mental ni propósito de evasión; con el favor de Dios.*

Cuando recibí mi ciudadanía, mi vida se había vuelto casi completa. Lo anuncié con orgullo en el trabajo.

—¡Soy ciudadano estadounidense!

Mis compañeros de trabajo me compraron un cake para celebrar la ocasión. La vida me sonreía y, ¡especialmente cuando nació mi hija Leslie ese mismo año!

Quedaba un último paso por realizar. Debía sacar a mis padres de la isla. Mi ciudadanía estadounidense aceleraría este proceso.

Capítulo 38

Mis padres se fueron de Cuba en 2005. Mi mamá ahora tenía una nueva nieta que cuidar y no podía estar más feliz.

Capítulo 39

Jorge Lago

Miami

Era el Día de Acción de Gracias de 2005. Había dejado el apartamento de mi prima y me había mudado a una propiedad en Hialeah que necesitaba una rehabilitación completa. Con el tiempo, logré transformarla gracias a mi propio negocio de construcción.

Nunca imaginé que llegaría a vivir así: no solo en libertad, sino sin remordimientos, con la posibilidad de viajar cuando podía y de disfrutar plenamente de cada momento. Los sacrificios —los míos y los de mi familia— finalmente habían dado fruto.

Tenía una vida cómoda, y me enorgullecía saber que nadie me había regalado nada. Todo lo que había logrado era resultado de mi esfuerzo. Mi casa acogedora tenía tres dormitorios, dos baños, pisos nuevos y una cocina moderna. Pero más allá de lo material, lo verdaderamente importante era que mi vida ya no estaba en suspenso.

Capítulo 39

Hasta que conocí a Mayda, había vivido como alguien en constante búsqueda, sin terminar de encontrar su lugar. Con ella, eso cambió.

Mayda me completó.

Le dio sentido a todo lo que había vivido: la cárcel, los días en el mar, la incertidumbre en Guantánamo. Cada uno de esos momentos, que antes parecían fragmentos aislados de una vida dura, comenzó a encajar como parte de un camino que me había conducido hasta allí. Hasta ella.

La libertad no había sido suficiente.

Necesitaba a alguien con quien compartirla.

Y Mayda se convirtió en esa persona.

Siempre supe que debía agradecerle a dos personas por haberla traído a mi vida: a mi amigo Andrés y a mi prima Eva. Les debía mucho a ambos.

Recuerdo la llamada de Andrés, dos años después de mi llegada a Miami. En ese momento sentí que mi vida se sacudía por completo. Como decía mi primo: *"Todo tiene razón de ser."*

Nunca me gustó esa frase. Como hombre de ciencia, no creía en el destino ni en conexiones invisibles. Pero después de conocer a Mayda... algo en mí cambió. No sé si lo llamaría destino, pero sí propósito.

Mayda había sufrido profundamente. Había enfrentado pérdidas que habrían quebrado a cualquiera. Y, sin embargo, seguía de pie.

Mi prima solía decir que a veces Dios une a dos personas rotas para sanarlas.

Tal vez tenía razón.

Capítulo 39

Después de mudarse conmigo, la encontraba algunas noches en el jardín, llorando en silencio, creyendo que todos dormíamos. Al principio respeté su espacio. Hasta que un día me acerqué.

Se secó el rostro al verme.

—Lo siento. No sabía que estabas aquí.

—No tienes que disculparte —le dije—. Todos los que salimos de Cuba dejamos a alguien atrás.

En mi caso, pensaba en mi abuela y en mi padre. Murieron en Cuba, y nunca pude volver a verlos.

Mayda evitaba mostrarse vulnerable ante mí, y eso, lejos de alejarme, me hacía admirarla aún más. Había en ella una fortaleza silenciosa que la hacía inmensa a mis ojos.

No tardamos en darnos cuenta de que estábamos hechos el uno para el otro. Ambos habíamos atravesado nuestro propio infierno... y aun así seguíamos adelante. Ninguno permitió que el pasado destruyera el futuro.

Compartíamos más de lo que imaginé: su amor por la jardinería y la cocina, y su curiosidad por aprender. Pero lo que más me impresionaba era su determinación. Había luchado por su hijo con una fuerza admirable, y eso me hizo entender que quería una vida a su lado.

Su hijo se convirtió en mi hijo. Y, pocos meses después de casarnos, tuvimos una niña.

Nuestra familia estaba completa.

Capítulo 39

A veces pensaba en los hombres que habían salido conmigo de Cuba. Perdí el contacto con casi todos, excepto con Tony. Él logró traer a su esposa y a su hija. La distancia no destruyó su familia, como sucedió con tantas otras. Me alegraba verlos juntos, luchando por su futuro.

También pensaba en Carlos, el muchacho de dieciséis años que casi no sobrevive aquella tormenta. Al llegar a Miami, se reunió con su familia. La última vez que supe de él, se había graduado en Derecho en la Universidad de Miami.

Saberlo me llenó de orgullo.

Había sabido aprovechar la oportunidad que tantos arriesgaron —y muchos perdieron la vida— por alcanzar.

La última vez que vi a Carlos, mi familia y yo caminábamos por Miami Beach. No supe de inmediato cómo había logrado reconocerme. Yo había subido de peso y llevaba bigote y barba espesa.

—¡Jorge! —gritó.

Me detuve, confundido.

—Lo siento… ¿te conozco?

Él sonrió, llevándose la mano a la frente para cubrirse del sol.

—¿Ya te olvidaste de mí? Me salvaste la vida en la balsa… ¿recuerdas? Cuando me desmayé.

Lo miré con atención. Entonces lo reconocí.

—¡Dios mío, Carlos! ¡Cómo has cambiado!

Nos abrazamos como si el tiempo no hubiera pasado. Le presenté a mi esposa y a mis hijos. Me habló de su vida como abogado corporativo y me presentó a su novia, una joven rubia a la que había conocido en la universidad. Planeaban casarse en unos meses.

Hablamos de Guantánamo, del mar... de todo lo que habíamos dejado atrás.

Cuando nos despedimos, supe que tal vez no volvería a verlo.

Y así fue.

***

Tony y yo, en cambio, nunca perdimos el contacto. Él trabajaba como mecánico y su esposa trabajaba en la oficina de admisiones de un hospital. Habían logrado mantenerse unidos, algo que no todos lograron.

Ese Día de Acción de Gracias de 2005, Mayda y yo estábamos ocupados preparando la cena. La casa se llenaría: Eva y su esposo, mi tía Maritza, Andrés y su familia. Mayda había decorado la mesa con un mantel de lino de otoño, y yo me encargaba del cerdo asado. Los frijoles negros estaban listos desde el día anterior y el arroz reposaba en la olla, casi en su punto.

La radio del comedor reproducía música navideña que llenaba la casa de una alegría tranquila.

Luisito, de catorce años, hablaba por teléfono en su habitación. Nuestra hija leía en la sala, rodeada de libros, como yo lo hacía cuando era niño.

—Luisito, ¿vas a colgar el teléfono? —gritó Mayda—. ¿Y si alguien intenta llamar?

Capítulo 39

—Tenemos identificador de llamadas, mamá. Tú lo sabes —respondió con seguridad.

Sonreí. Se había convertido en un joven confiado, pero también responsable. Le enseñábamos el valor del esfuerzo: ayudaba en casa, sacaba la basura, cortaba el césped. Aún compartíamos momentos en el jardín, aunque últimamente parecía más interesado en sus amigos.

—Es natural —decía Mayda.

Nuestro jardín era motivo de orgullo. Las buganvillas de un rosa intenso contrastaban con las paredes blancas, y el jazmín recibía a los visitantes con su aroma suave. En el patio cultivábamos tomates, pimientos y pepinos. Luisito había insistido en plantar zanahorias, aunque ahora les prestaba menos atención.

Nuestra hija, en cambio, era estudiosa y dulce, muy parecida a su madre. Tenía su misma bondad y esa mirada llena de esperanza. Le gustaban los vestidos bonitos, pero siempre le recordábamos que el esfuerzo y la educación eran lo más importante.

—Los vestidos cuestan dinero —le decía Mayda—. Hay que pensar en la universidad.

La educación era nuestra prioridad. Se lo inculcamos desde pequeños. O estudiaban con dedicación... o, al cumplir dieciocho años, tendrían que abrirse camino por sí mismos. Algunos pensaban que éramos estrictos, pero sabíamos lo que había costado llegar hasta allí.

El timbre sonó alrededor de las cuatro de la tarde.

Capítulo 39

—¡Luisito! Abre la puerta —dijo Mayda desde la cocina—. Deben ser los invitados.

—¡Que pasen! —respondí mientras daba los últimos toques al cerdo.

Mayda se acercó y sonrió.

—Huele increíble.

—¡Ni se te ocurra tocarlo! —le advertí, medio en broma.

—¿Ah, no? —dijo, tomando un tenedor.

Antes de que pudiera reaccionar, ya había probado un trozo. Su risa llenó la cocina.

—¿Ves? Y no pudiste hacer nada.

Negué con la cabeza, sonriendo.

—Eres terrible.

Nos reímos juntos. Siempre fuimos así. La vida ya había sido lo suficientemente dura como para no permitirnos estos momentos.

—Mamá, papá, ¿los hago pasar o qué? —gritó Luisito.

—¡Que se sienten! ¡Ya salimos! —respondí.

Aquella noche, alrededor de la mesa, nos reunimos todos. Era más que una cena; era una celebración de todo lo que habíamos logrado, de todo lo que habíamos sobrevivido.

—¿No vinieron tus padres? —le pregunté a Andrés.

—No. Mi padre tiene demasiado dolor. Los médicos no pueden hacer mucho —respondió.

Asentí en silencio y cambié de tema. Había aprendido a valorar el presente.

Hablamos de mi madre y de mi hermana, que pronto llegarían a Estados Unidos. Estaba ansioso por abrazarlas después de tantos años. Los padres de Mayda también vendrían poco después.

—¿Y Julio? —le pregunté a Andrés—. ¿Se hizo abogado?

Andrés se rió.

—Tú sabes cómo es Julio. No, pero le va bien. Se casó con la dueña de una tienda de muebles.

—Me alegra —dije.

Habíamos recorrido un largo camino.

Éramos balseros, sobrevivientes, soñadores que lo arriesgaron todo por la libertad... y la encontraron.

Recordé entonces las palabras de José Martí *"Los que no tienen libertad, no saben lo que vale."*

Nosotros sí lo sabíamos. La habíamos ganado y ahora vivíamos su fruto.

Mientras compartíamos la comida —pavo, arroz, frijoles— miré a mi alrededor y me pregunté si algún día alguien entendería lo que habíamos vivido. Lo que habíamos perdido. Lo que habíamos tenido que hacer para llegar hasta allí.

¿Cómo lo sabrían las generaciones futuras?

No imaginábamos entonces que nuestras historias no morirían con nosotros... que algún día alguien querría escucharlas, entenderlas, contarlas.

Y cuando ese momento llegara,
estaríamos listos.

Epílogo

Andrés Gómez

Es el año 2025 y Yarelys y yo seguimos viviendo en Raleigh, North Carolina. Tenemos un hijo de doce años, Andy, que es un fantástico jugador de béisbol. Me gustaba verlo jugar. Me recuerda a cuando yo tenía su edad. ¡Me encantaba la pelota! Ahora, tengo a alguien que comparte esta pasión conmigo.

Nuestra hija Leslie asiste a la Universidad Central de Carolina del Norte, donde se especializa en justicia penal y estoy muy orgulloso de ella. Si supiera lo poco que me gustaba estudiar cuando era niño. Me alegra ver que no es como yo. Por supuesto, aquí en los Estados Unidos, las oportunidades están en todas partes si uno estudia mucho y sabe dónde buscar, mientras que en Cuba una educación no me garantizaba nada.

Mi hija Jessica me dio dos hermosos nietos. Tienen once y trece años, así que cuando todos vamos a Disney World, la gente piensa que mi hijo Andy y mis dos nietos son trillizos. Se ven increíblemente similares, con cabello oscuro, tez clara y sonrisas brillantes.

Jessica es una buena madre. Trabaja muy duro por su familia. Vive cerca de Ft. Myers, en la soleada Florida. Su matrimonio no duró, pero ahora tiene un hombre en su vida que es bueno con ella y con sus hijos.

Cuando miro hacia atrás, no puedo creer lo lejos que hemos llegado. Dirigí una empresa de limpieza comercial durante más de veinte años. Durante ese tiempo, también trabajé como joyero a tiempo parcial. Fui muy afortunado. Al otro lado de uno de los edificios que limpiaba, había una joyería. El dueño era de Argentina y, cuando le conté sobre mi experiencia, me ofreció trabajo. Esto fue en 1996. Después de trabajar durante más de veintidós años en la empresa de limpieza, me alegré mucho cuando finalmente comencé a trabajar como joyero a tiempo completo. Mientras tanto, mi esposa trabajaba en el departamento de mantenimiento de la universidad cercana.

Nuestra vida ha sido trabajo y familia, y no la hubiéramos querido de otra manera. También nos encanta viajar en cruceros. No hay nada mejor.

Mis padres viven en Miami. El clima en North Carolina no es bueno para ellos, especialmente para mi padre, quien todavía vive con los dolores y las molestias de su cirugía fallida. Sin embargo, a Yarelys y a mí nos encanta North Carolina. Cuando vivíamos en Cuba, nunca imaginamos terminar en un lugar como este. Los dos venimos de una isla que apenas reconoce las estaciones. Aquí disfrutamos de los cambios de color en el otoño, de la nieve recién caída en el invierno y de los colores vibrantes del verano.

Epílogo

Espero con ansias, durante el resto de mi vida, ver a mi hijo y a mis nietos crecer, cumplir sus sueños y envejecer con mi amada esposa.

Ya solo queda agradecerle a este gran país por hacer realidad los sueños de más de 35.000 balseros cubanos.

Un mensaje final

Queridos nietos:

Hace muchos años salí de Cuba en una balsa en busca de la libertad y de un sueño. Quería que mi familia viviera con dignidad, no de las migajas del gobierno. Quería que pudiéramos decir lo que pensábamos y ser libres para alcanzar nuestras aspiraciones y sueños.

Los que se atrevieron a acompañarme en este viaje sabían que podríamos morir durante el proceso. Al fin y al cabo, el hombre no es un rival adecuado para el mar. Una vez que entramos en su inmensidad, quedamos a su merced. Sabíamos poco de navegación y estábamos mal preparados, pero era una lucha por nuestra libertad y estábamos dispuestos a morir por ella.

En 2024, casi treinta años después de conquistar mi libertad, una escritora me preguntó si podía documentar mi historia. Me pregunté si a alguien le interesaría leer todo lo que pasamos nosotros, los que orgullosamente nos llamamos 'balseros'. Entonces decidí que valía la pena. Al contar nuestras historias, las generaciones futuras podrán entender con mayor claridad el precio que pagamos por la libertad que disfrutan.

Les dejo un ejemplar del libro que la autora Betty Viamontes escribió sobre nuestras vidas. Por

211

Un mensaje final

favor, léanlo y pásenselo a sus hijos y nietos para que ellos también entiendan los sacrificios hechos por aquellos de nosotros que, una vez, llegamos a estas tierras en busca de la libertad.

Esta historia desafía el entendimiento y el sentido común. ¿Cómo pudo una isla que alguna vez fue tan próspera terminar así? El comunismo es un cáncer. Lo destruye todo, hasta la dignidad del hombre.

Cuando lean estas páginas, comprendan que el camino hacia la libertad nunca es gratis. Eso se ha dicho muchas veces, pero vale la pena repetirlo. El camino hacia la libertad está pavimentado con amor, miedo, lágrimas y sangre.

Muchos de nosotros morimos en el mar intentando llegar a estas costas. Muchos nunca podrán contar sus historias, así que este libro también les pertenece. Después de todo, la historia de un balsero cubano refleja la de miles de otros.

No debemos permitir que el mundo olvide a quienes yacen en las profundidades del Estrecho de la Florida.

Desde que era niño, mi padre solía sentarse conmigo en la costanera de Punta Gorda para contarme sobre la vida en un paraíso llamado los Estados Unidos. No lo entendería del todo hasta muchos años después.

Por favor, tomen ventaja de las bendiciones que les hemos otorgado. Vivan cada día con la certeza de que, por haber nacido en este gran país, son unos de los pocos afortunados del mundo.

Los amo con cada fibra de mi ser.

Un mensaje final

Su abuelo,

Andrés.

Un Tributo a Hermanos al Rescate

El 24 de febrero de 1996, cuatro hombres de 'Hermanos al Rescate' perdieron sus vidas cuando el gobierno cubano abrió fuego contra sus dos aviones Cessna.

Armando Alejandre, Jr. Mario de la Peña, Pablo Morales y Carlos Costa volaban sobre aguas internacionales en una misión humanitaria cuando sus aviones fueron derribados por un MiG-29UB y un MiG-23 de la Fuerza Aérea Cubana, ambos aviones de combate. El gobierno cubano acusó a estos hombres de violar el espacio aéreo cubano.

Desde su primer vuelo en 1991, se estima que Hermanos al Rescate salvó una vida por cada dos horas de vuelo, un récord entre las organizaciones de búsqueda y rescate.

Los balseros que Hermanos al Rescate logró salvar, sus familias y la comunidad en el exilio recuerda a estos valientes hombres que arriesgaron y dieron sus vidas por la libertad.

Reconocimientos

Me gustaría agradecerles a las siguientes personas y organizaciones:

A Andrés Gómez y Jorge de Río por compartir sus historias conmigo.

A la galardonada autora Zoé Valdés, por compartir conmigo sus experiencias sobre la base de Guantánamo. La carta de Mayda se basó en nuestra conversación.

La organización 'Hermanos al rescate' por su abnegación y sus sacrificios en defensa de la libertad. Que en paz descansen los valientes hombres que pagaron con sus vidas para que otros realizaran sus sueños de ser libres.

Gabriel Escobar por este artículo: 'El refugio seguro de los cubanos en Panamá se vuelve amargo'. 8 de enero de 1995

The Washington Post por el siguiente artículo:
https://www.washingtonpost.com/archive/national/1994/12/13/more-us-troops-to-panama

Reconocimientos

BBC News Mundo por su artículo: *El trágico naufragio en la bahía de La Habana que dejó docenas de muertos*

A Conchita Hernández Hicks (autora de Leaving Havana) y a Susana Mueller (autora de Cuban Stories) por ser fantásticas lectoras beta y por brindar valiosas recomendaciones. A Marta Mayer, por todo su apoyo y por crear un club de lectura enfocado en historias sobre Cuba y su historia.

Susana Mueller, de Susanabooks, por diseñar una magnífica portada de libro. Un amigo me dijo que la portada parece una obra maestra. De acuerdo. Gracias, Susana, por tu visión.

Edith Rodríguez, por permitir que Susana Mueller usara su hermosa pintura en la portada de este libro.

A mi esposo, Iván, por sus sugerencias sobre varios capítulos de este libro. Sus contribuciones han sido invaluables.

Al grupo de Facebook *All Things Cuban*, por brindar un importante foro para la difusión de la historia y la cultura cubanas.

Al grupo de Facebook *Women Reading Great Books* por proporcionar una salida importante para autores y lectores.

Reconocimientos

A mi esposo Iván, por sus sugerencias sobre varios capítulos de este libro. Sus contribuciones han sido invaluables.

A mis editores por su excelente trabajo.

A mi suegra Madeline, y a mi hermana Lissette, por sus contribuciones.

A mi madre Milagros por ser la autora intelectual de mi vida y seguir guiando mis pasos, incluso después de su muerte.

A todos los lectores que siguen apoyándome y compartiendo mis publicaciones, y a todos los clubes de lectura que han seleccionado mis libros, demasiados como para mencionarlos.

Sobre la autora

Betty Viamontes nació en La Habana, Cuba. A los quince años, Betty y su familia cruzaron el Estrecho de Florida en un barco camaronero abarrotado en una noche de tormenta en la que muchas familias perecieron. Este viaje reuniría a la familia con el padre de Betty en los Estados Unidos después de casi doce años de separación. Betty Viamontes completó sus estudios de posgrado en la Universidad del Sur de Florida. Tras la muerte de su madre, Betty comenzó a dedicar su vida a capturar las historias de las personas sin voz. Sus historias han viajado por todo el mundo, desde la galardonada *Esperando en la calle Zapote* hasta el nuevo lanzamiento No. 1 *La niña de Arroyo Blanco*.

Otras obras incluyen:
La Habana: el regreso de un hijo
La Danza de la tosa
Los secretos de Candela y otros cuentos de La Habana
El vuelo del tocororo (Colaboración)
Hermanos: Los niños de Pedro Pan (Premio Mejor Ficción 2022)
Buscando un cierre: Las niñas de Pedro Pan
Cartas de amor desde Cuba

Sobre la autora

Cruzando hacia el norte: tribulaciones de un médico cubano

Los libros anteriores están disponibles en inglés y en español. *Esperando en la calle Zapote* fue una de las novelas ganadoras del premio The Latino Books Into Movies y ha sido seleccionada por un club de lectura de mujeres de las Naciones Unidas y por muchos otros.

Sus obras han aparecido en diversas publicaciones, entre ellas la prestigiosa revista literaria *The Mailer Review*.